渋沢栄一伝

道理に欠けず、正義に外れず

井上潤 著

ミネルヴァ書房

渋沢栄一（渋沢史料館蔵）

大蔵省出仕時代（渋沢史料館蔵）

東京中央放送局にて，「平和記念日について」ラジオ放送記念撮影
（前列・右が栄一）（1926（大正15）年11月11日，渋沢史料館蔵）

総理大臣官邸にて，新聞記者に意見を述べる栄一
（1929（昭和４）年８月９日，渋沢史料館蔵）

『論語と算盤』のタイトルのモチーフとなった洋画家・小山正太郎の画
（渋沢史料館蔵）

はじめに――今、なぜ渋沢栄一か

二〇二〇年は、渋沢栄一生誕一八〇周年です。三回目の還暦を迎える節目の年を迎え、折しも昨年、新一万円札の肖像に決定し、また二〇二一年のＮＨＫ大河ドラマ第六〇作『青天を衝け』の主人公にも選ばれました。日頃より栄一の事績・思想を普及させることを本務とする身としましては、正しい渋沢栄一像をより広く、そしてより深くつたえられる良いきっかけになるという喜びを感じています。

日本の実業家のリーダーとされる渋沢栄一。生涯関係した企業の数が約五〇〇ということからも間違いないところですが、さらに言えば、生涯関係した社会公共事業は、六〇〇を数え、このことからも単なる実業家でないことはお分かりになると思います。むしろ日本の近代社会を創造し、全体を組織したオルガナイザーとしての位置づけが与えられる人物なのです。本書を通じて、栄一が今に与えるヒントはどのようなものかを探り、栄一への理解をさらに深めていただけたらと思います。

「今、なぜ渋沢栄一か」を問う第Ⅰ部の第一章では、栄一の事績・思想を紹介したいと思います。それらは決して古いものではなく、現代社会において大いに生かされるものとして注目を集めています。

栄一が発揮したリーダーシップもその一つです。国内外を問わず、先を見通した確固たるビジョンを示すことができる人物の出現が求められていますが、栄一はその人物像として重ね合わせられているところがあります。第二章では、栄一のリーダーシップについて、具体的なエピソードを織り交ぜながら、見ていきたいと思います。

第Ⅱ部では、近代化のオルガナイザーとしての栄一に迫ります。幕末・明治という激動の時代に、栄一はどのように立ち向かったのでしょうか。

栄一は、一八六七年のパリ万国博覧会に幕府使節団の庶務・会計係として参加しました。それは、栄一の後の人生に大きな影響を及ぼします。第三章では、栄一が仲間とともに見聞したと思われる記録をもとに、欧州巡歴の足跡を辿ります。

明治になり、栄一にも転機が訪れます。大隈重信の導きにより、新政府内部に、「万国並立」のための近代化政策を積極的に推進する部局「改正掛」が誕生し、その長に任ぜられます。「改正掛」は、有能な人材が集められ、「明治の知識集団」と呼びにふさわしい存在です。第四章では、改正掛長としての奮闘を紹介します。

第Ⅲ部は、栄一に影響を与えた人や、ともに力を携えて事業に当たった人など、栄一にゆかりのある人物を取り上げます。第五章では、栄一を語るうえで欠かせない九人の人物に焦点を当て、第六章と第七章では、渋沢史料館が所蔵する栄一に宛てられた書簡に注目しながら、その人的ネットワークを探りたいと思います。

最後の第Ⅳ部は、産業と社会福祉・教育の推進者として活躍した姿を追います。第八章では、全国各地でさまざまな企業、社会公共事業、文化事業・記念事業などを立ち上げ、それらの推進に尽力した栄一の遺業を確認します。

続く、第九章は、栄一の社会福祉や教育分野での実践を取り上げたいと思います。栄一は、新しい国づくりを志す中で、社会福祉事業や教育にも思いを馳せ、力を注ぎました。その活動の一端をお伝えできればと思います。

栄一は、公益の追求をとても大切にしていました。「社会全般を富ますことで、個人も富むだろう」という考えです。そんな栄一が、人生の範としたのが『論語』です。『ポケット論語』をまさしく、いつもポケットに携え、子どもたちや孫にもプレゼントするほどでした。そこで、第一〇章では「産業と社会福祉・教育の推進者」たる栄一を支えた、『論語』についても見てきたいと思います。

最後になりますが、第Ⅰ部から第Ⅳ部のおしまいに、「渋沢栄一こぼれ話」を配しました。栄一について、これまであまり語られることがなかったエピソードを紹介したいと思います。

渋沢栄一伝——道理に欠けず、正義に外れず

目次

第Ⅰ部　渋沢栄一の魅力——何を目指し、どう生きたのか

元来、人がこの世に生まれてきた以上は、自分のためのみならず、必ず何か世のためになるべきことを、なすの義務があるものと余は信ずる。すなわち、人は生れるとともに天の使命を享《う》けておる。世に生まれ出たのは、直接には父母の恵みであるが、本源は造物主なるものがあって、何事をか、なさしむべき使命を与えて、己をこの世に現したのであるから、この使命をまっとうすることは人間の責務である。才能ある者はあるだけ、また少いものも少ないだけの才能を用い、それぞれ力を尽くすのが、人としてこの世に対する義務であると余は確信しておる。（『青淵百話・乾』一〇　天の使命／処世上の信念）

惟うに真の成功とは、「道理に欠けず、正義に外れず、国家社会を利益するとともに、自己も富貴に至る」ものでなくてはならぬ。換言すれば一時の成敗の如何に拘らず、その内容に重きを置いてこれを論ずるものでなくてはならぬ。「成敗をもって英雄を論ずる勿《なか》かれ」とは、古人の金言であるが、是は敗れたる者をば理も非もなく失敗者となし、勝ちたる者は同じく理非の別なく、成功者となすのいわれ無きを警醒《けいせい》したところの言葉である。（『青淵百話・乾』三二　成功論／成敗は成功の標準に非ず）

第一章　注目を浴びる事績と思想

渋沢栄一の原点を探る

はじめに、渋沢栄一という人間が形成された幼少期から青年期にかけての時期に注目し、彼の原点を探ってみましょう。

渋沢栄一は一八四〇（天保一一）年、厳格で卓越した経営手腕を持ちながら、村のまとめ役などに長《た》けた父親と、とても慈悲深い母親の長男として、武蔵国榛沢郡血洗島村（現在の埼玉県深谷市血洗島）に生まれました。

血洗島は、江戸時代に主たる税を米で納めることが一般的だった中、早くから金銭で税を納めるシステムを採用していたところです。

また、農村地域に属するものの、水田が極めて少なく、利根川の氾濫原ということもあり、耕作地は安定せず、農作だけでは生活が成り立ちませんでした。よって商工業活動などが盛んに行われたことにより、貨幣経済が早くから浸透していた地域だったといえます。

このような状況の同地では、藍の葉を買い集めて加工した染料のもとになる「藍玉」を、信州（現在の長野県）や上州（現在の群馬県）などへ売りに行く商売が非常に盛んに行われていました。この商売は換金性が高く、軌道にのせた家は富裕層へと成長しました。

渋沢家も、栄一の父親の代に本格的にその商売を始めるようになります。そして、これが非常に大きな財を成して、村で一、二を競う富農層にまで成長します。

栄一も家業を手伝う中で、経済・経営のノウハウを身に付けていきました。彼の経済観は、決して経済書を通じた理論の習得から得たものではなく、あくまでも、実践から吸収したものだったのです。

一方、栄一は、漢学者である従兄・尾高惇忠から本格的に読書を授けられ、学問・教養を身に付けます。第五章でもふれますが、尾高の読書法は、当時では一風変わっていて、大まかな意味だけを伝え、次々と先に進め、興味関心のある書物を栄一にできるだけ読ませるなどして、とにかく数多くの書物を読ませるものでした。

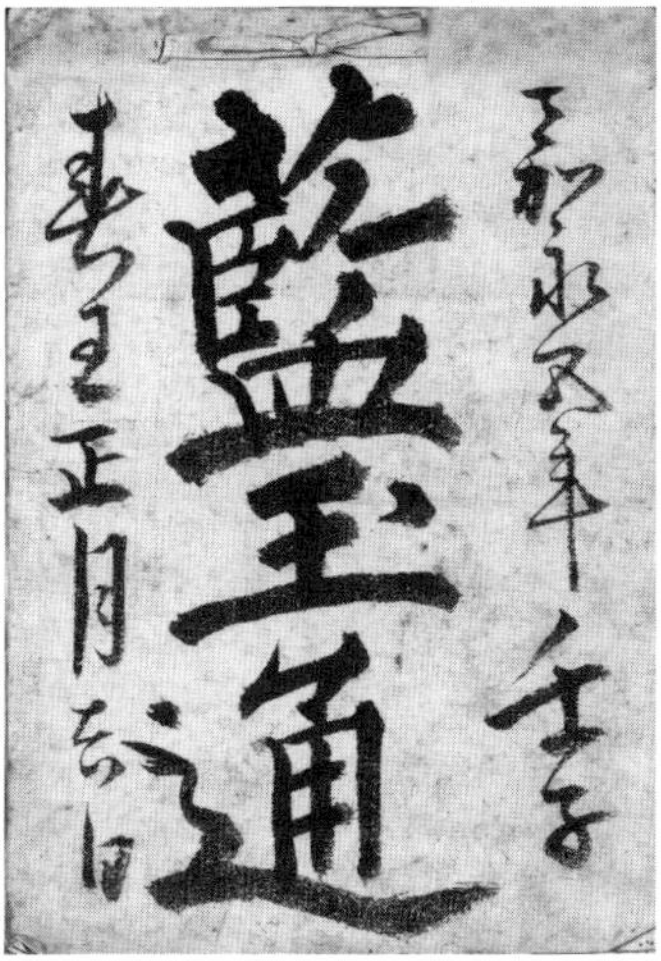

藍玉の売上げを記録した藍玉通《かよい》（表紙）（1852（嘉永５）～1875（明治８）年，渋沢史料館蔵）

後に栄一は、人生の岐路に立ったとき、情報を広く集めて咀嚼《そしゃく》して、そこから自分の進むべき道を導き出していたところがあります。それゆえ、大きく道がそれることなく、多くの事績を残し、生涯を全うすることが出来ましたが、その原点が、尾高の幅広い読書法にあったのだと思われます。

不条理に対する反発

「神託」と題された次頁の史料をご覧ください。これは、神のお告げに名を借りて、幕末、攘夷《じょうい》を決行しようとしていた集団の決起文です。

「外夷の畜生共を残らず踏み殺し……」という言葉から、彼らの想《おも》いの強さが伝わってきます。これらは実は、後年、平和を求めて国際親善に尽力した、栄一の若かりし時代の想いです。同一人物とは、とても思えないですね。

学問好きだった栄一は、数多くの書物に触れるとともに、江戸に遊学などをして、思想家たちとの交流を重ねていくうちに、幕末の世にまん延していた攘夷の思想に傾いていきました。しかし、これらの多くが精神・政治的思想から論じられていた中、栄一の思想は、経済的側面によるものでした。

また栄一は、このような考えだけでなく、「士農工商という制度に代表される官尊民卑

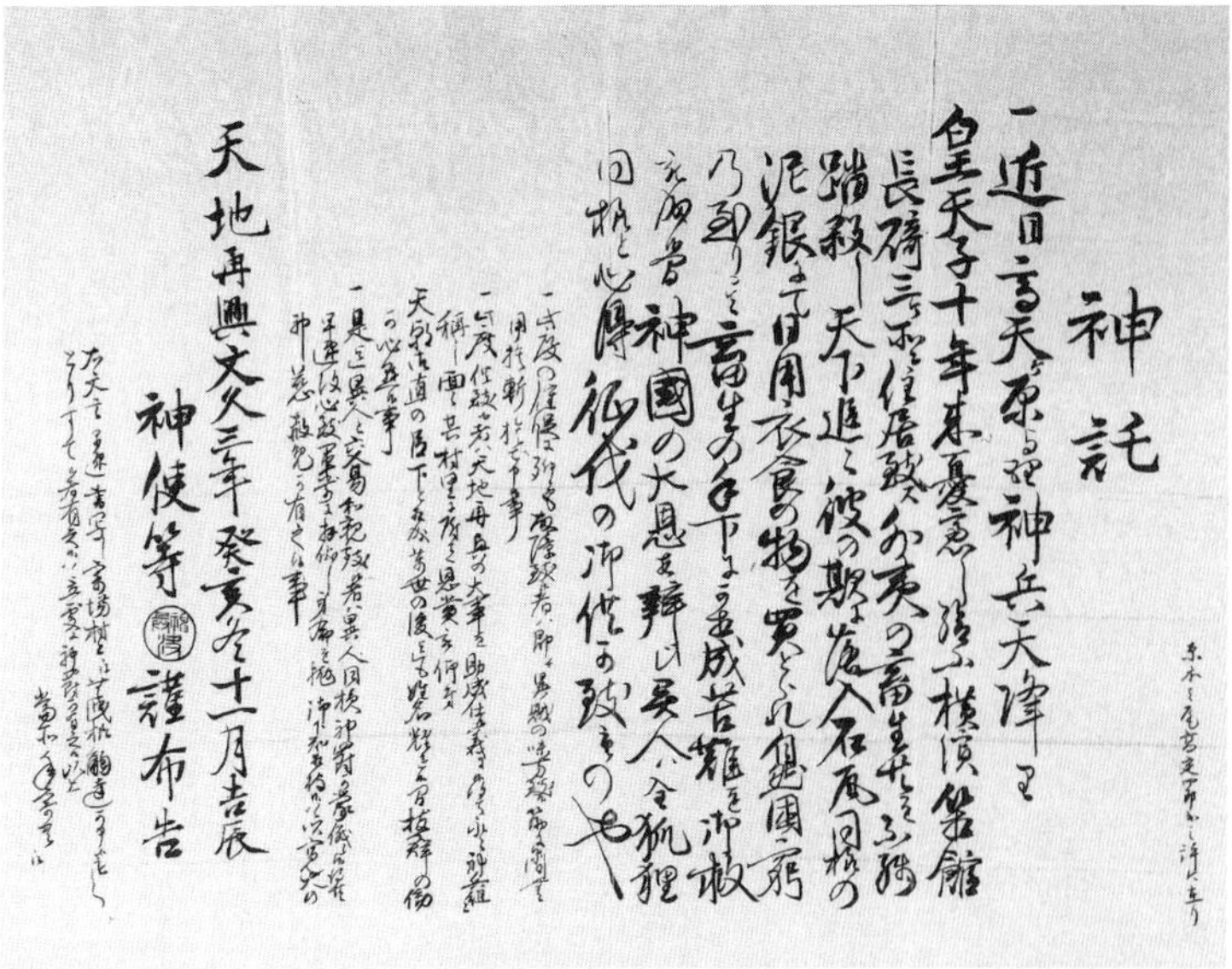
神託

天地再興文久三年癸亥十一月吉辰

神使等　謹布告

神託（1863（文久３）年11月，渋沢史料館蔵）

の弊習を何とか打ち破らなければ、より良い社会の実現を目指せない」とし、次第に幕政への批判をも募らせていきます。

そして、こうした世の中の不条理を排除しようと、近隣や江戸で知り合った同志を募り、一つの計画を立てます。それは一八六三（文久三）年の冬至の日に、高崎城を乗っ取り、横浜の外国人居留地を焼き討ちしようというものでした。その時の決起文が、先に紹介した「神託」です。

栄一は、この計画を実行するに当たって、別の事件の嫌疑をかけられて京都に一時期身を隠していた、従兄・長七郎を貴重な戦力として、呼び寄せます。その長七郎が、計画遂行の直前に集められてた密談の席で、「京都でいくつも見てきた攘夷決行によって、国が変化しているとは思えない。単なる『無駄死に』に終わっていたのではないか」という疑問を発したのです。

血気盛んな若者たちが集い、もう引き下がれないという気持ちが非常に高まっていた中で、栄一は彼の言葉を冷静にくみ取り、「体制内に残って長く生きながらえて、世の中を変化させていこう」と皆を諭し、その暴挙を中止にしてしまいました。

ここでも栄一は、情報をきちんと斟酌《しんしゃく》し、大きな選択を導きだしたのです。

フランスで髷を切る

体制内での変革を目指すこととし、攘夷決行を中止した栄一は、徳川御三卿の一家である一橋家の用人・平岡円四郎の勧めで一橋家の家臣となりました。

家臣として実績を積み上げた栄一に改めて命ぜられたのは、一橋家の領地内にて農兵を募集することでした。与えられた任務は無事遂行できましたが、同時に、様々なものに目を付け、得られた情報をもとに、例えば、木綿の売買法や年貢米の売捌き方法、そして、硝石製造を地域の産業として位置付けさせる仕法などを進言し、一橋家の経済活性化政策を打ち立てました。最下層の身分として一橋家の家臣になりましたが、その能力の高さが非常に注目されるようになり、一気に名を上げていきました。

そうこうしているうちに、当主の一橋慶喜が一五代将軍に就任することになりました。栄一は、幕府の政治自体を批判して、何とか改正しなければいけないと言っていた立場から、自身が幕臣になることに葛藤があったようですが、慶喜が将軍職に就くに合わせて幕臣となり、幕臣時代のほとんどをヨーロッパで過ごしました。

元来、攘夷を唱えていた者の渡欧は考えられません。しかし、体制内に残り、世の中を変えたいと思った栄一は、すぐに思想の転換を図り、より積極的に西洋文明に接しようとしていたのです。ちょうどそのような時、栄一は、一八六七年のフランス・パリ万博に派遣される「幕府使節団」に庶務・会計係として参加。そこで、ヨーロッパという「新世界」に出会うことになるのです。

栄一はフランスにて理髪店へ行き、髷《まげ》を切りました。より多くのことを身に付けるためには、郷に入れば郷に従うべきと考えたようです。このことから栄一が、非常に柔軟な考えや積極的な姿勢の持ち主であったことが感じられます。

また栄一は、公式行事に随行しただけでなく、地元の銀行家の指導を受けながら、さまざまな施設を視察しています。具体的には、銀行や証券取引所、病院や福祉施設、植物園

髷を切った直後の栄一（渋沢史料館蔵）

などの娯楽施設に加え、ガスや水道など近代的なインフラ整備された状況も見学しました。その理由として、「今後の日本にとって、いずれも必要なものとなるだろう」という、彼独自の視点がありました。さらに栄一は、施設や設備だけでなく、それらの運営や維持の方法も注視し、今でいう会社経営法にあたる「合本法」にも強い関心を示していたのです。

幕府使節団の会計係は本来、消費を抑えて幕府からの資金をいかに守るかを考えます。しかし渋沢は、それを元手にフランス国債や鉄道債を購入し、資産を増やしてしまいます。もちろん増やすことも意識していましたが、実際に資金の運用を体験する中で、ヨーロッパの仕組みを学ぼうとしたのです。

加えて栄一は、ベルギー国王が、日本が将来、鉄を必要とするだろうということを見据えて、自国の鉄を日本に売り込む姿に驚きます。政治家・国王でもきちんと「国を富ませる」ことを考えているという、日本では考えられなかった官民一体となった世の中に感銘を受け、このような世の中をわが国でも目指したいと考えました。

そして、栄一は、帰国して数か月後の一八六九（明治二）年に、静岡にて、銀行と商社を兼ね合わせた「商法会所」を立ち上げ、「合本組織」を具現化させます。実践を通して覚えてきたものだからこそ、素早く形にできたのではないでしょうか。

新しい国づくりへ

官尊民卑の打破を標ぼうする栄一でしたが、一八六九（明治二）年一一月に民部省租《そ》税正《ぜいのかみ》（現在の財務省主税局長）として出仕した後、一八七三（明治六）年までに同省のほか、大蔵省にも籍を置きます（口絵2頁）。本人は、役人になるつもりは全くありませんでしたが、新しい国づくりに参画できるという点に非常に意義を感じたことで、挑んでいったのです。

そして、「新しい国づくりのために集った精鋭たちとともに、自分たちが何をするのかを決め、それについて調査・研究し、政策立案していくべき」とする栄一の提言により、改正掛が組織され、栄一はその掛長に就任することになります。これは、近代化の実現を目的に、省庁横断的に設けられた、今でいうシンクタンクのような部局でした。

例えば、貨幣制度。当時、金何両・銀何匁目・銭何貫と不統一に使われていた貨幣単位を、円・銭・厘という単位に統一します。また、国立銀行条例の制定に携わっただけでなく、近代的郵便制度の確立や、暦の太陽暦への変更、鉄道の敷設を実施。さらに、賞勲制度の整備や貿易関税の設置、会社組織の普及にも努めました。

このほか、大蔵省の組織整備も行うなど、改正掛が存続した二年足らずの時間の中で、

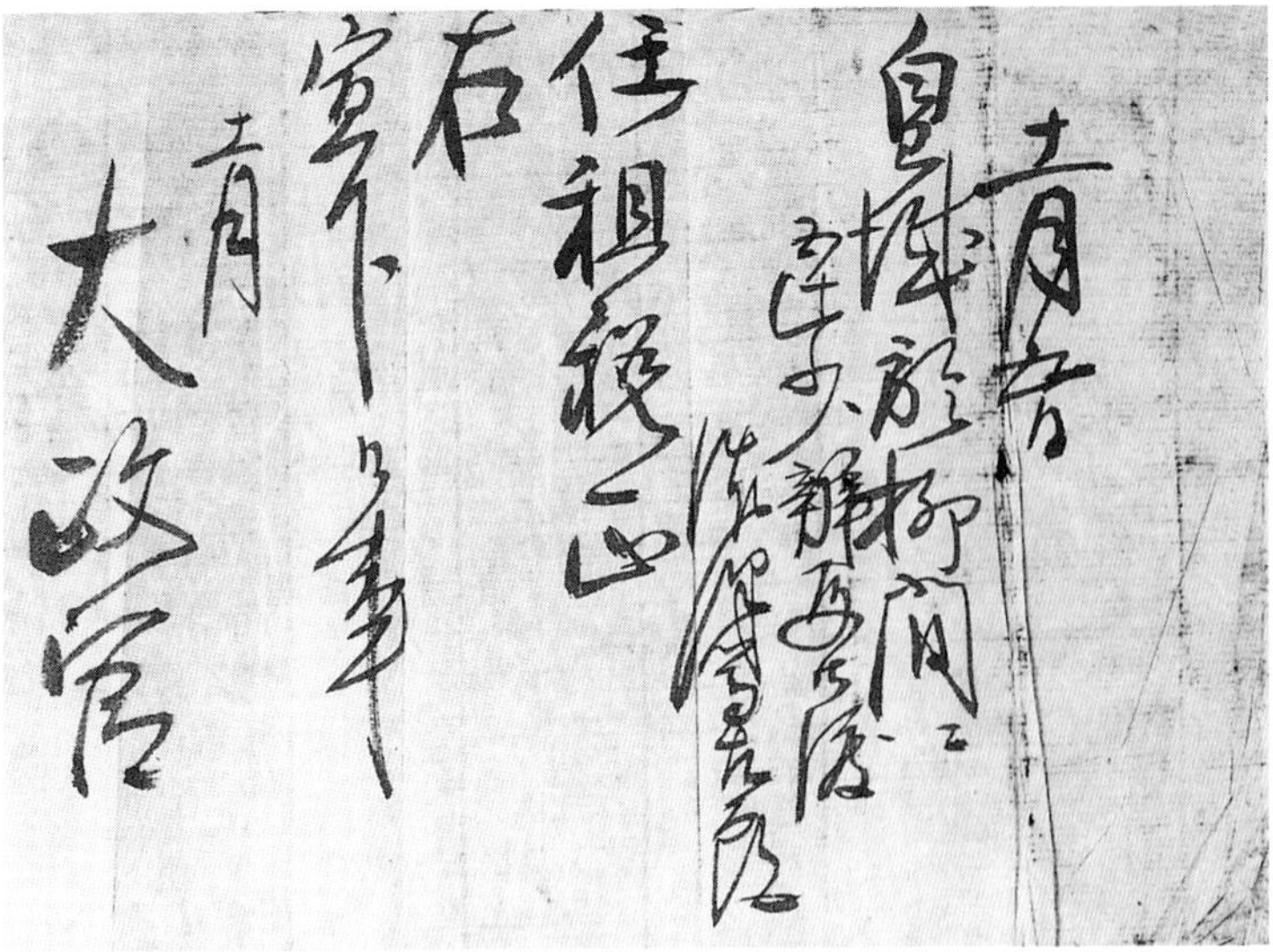
任租税正
右
宣下候事
十一月
大政官

民部省租税正の辞令（渋沢史料館蔵）

非常に精力的に、そして網羅的に近代国家形成の基盤となる二〇〇件もの案件に着手していったのです。

これらすべてが、すぐに実現したわけではありませんが、その後、次々に形となっていきました。この驚くべき栄一のエネルギーと能力は、政府内でも認められ、強い信頼を得るようになります。栄一にとって明治政府の役人時代は、以後の活動に欠かすことのできない知識や経験を身に付けさせたと同時に、通常であれば築けないような人脈を形成する結果をもたらしたのです。

後に、栄一は、国家予算の在り方について大久保利通らと考えが対立し、上司の井上馨とともに大蔵省を去ることになります。以降、彼自身が本旨とした「民間の立場で世の中を支え、貢献していきたい」という気持ちによる活動が始まります。そして、そこには、いままでに得られた知識や経験、人脈が大いに生かされていくのです。

株式会社の設立と育成

栄一が、民間の活動で最初に手掛けたことは、日本初の近代的な銀行である第一国立銀行（現在のみずほ銀行）の創設でした。

「国立」とありますが、それはれっきとした私立の株式会社です。栄一は、まず経済・

明治30年頃の第一国立銀行（渋沢史料館蔵）

金融の基盤を作り、その後、あらゆる分野の企業を合本法に則った経営による会社として、普及させようと奔走しました。

ただ、新たに立ち上げた会社の経営を軌道に乗せることは決して容易ではありませんでした。例えば、第一国立銀行は、発足一年足らずで経営の核となる出資者の小野組が破たんし、危機を迎えています。また、栄一が設立に携わった日本初の本格的な製造業である抄紙《しょうし》会社（現在の王子ホールディングス）は、商品として売れるような紙ができないという技術上の問題を克服できず、利益が出るまで数年かかりました。その間、栄一は平身低頭の方針を貫き、出資者への説明に尽力します。

さらに栄一は、新しく会社を興そうとする人々への支援も忘れませんでした。銀行からの融資の受け方や財務諸表の作り方などを指導したり、発

王子製紙（渋沢史料館蔵）

起人として名を連ねて、開業のための資金の一部を自ら投資したりしたのです。

このような栄一の誠意あるねばり強い努力が功を奏し、株式会社に対しての信頼が得られるようになります。そして、明治二〇年代から三〇年代にかけて、一気に花開くように、普及・定着していきました。

栄一は、金融関係から製造業、陸・海運業、そしてサービス業に至るまで、あらゆる分野の企業にかかわりました。古希を迎えた一九〇九（明治四二）年には、ほとんどの企業の役員を一斉にリタイアしますが、生涯関係した会社の数は約五〇〇に上るともいわれています。

実業界での活動の中で、栄一が取った姿勢は、独占を嫌うこと、財閥を築かないことに重点が置かれていました。彼は、会社が設立され、経営が順調に進むのを見定めると、多くの場合、自分の持ち株を売却し、その資金を次の新しい会社の支援に充てていたようです。

こうした取り組みから、会社によって自らの富の蓄積を目指すのではなく、日本の近代化・産業化の推進に徹していた様子がうかがえます。

民意の結集拠点を

企業の設立・育成によって日本実業界の発展に尽力した栄一でしたが、商業や実業をさげすむ旧来の弊習が残っていた当時の状況に憤りを覚えていました。

そのような時に、大隈重信から「日本にも、商人が集い、商売のことをいろいろと相談できるような機関を作ってみてはどうか」との提案がありました。栄一は、実業家の地位の向上という観点から絶好の機会と考え、調整を図ります。その結果、政府から年に一〇〇〇円の補助を受けて、東京商工会議所の原型である東京商法会議所を設立したのです。これは一八七七（明治一〇）年のことでした。

大隈が商法会議所の創設を促した理由には、殖産興業の進展に伴い生じた必要性のほか、幕末に諸外国と結んだ不平等条約の改正促進に向けた商工業者の輿論形成機関としての位置付けもありました。条約改正に当たり日本側は、当時の英国公使・パークスに「輿論が許さないから改正したい」と交渉を持ち掛けました。ところが、「日本に輿論があるのか。

1899（明治32）年竣工の東京商業会議所ビル（渋沢史料館蔵）

日本には大勢の人が集合し協議する仕組みがないのではないか。個々の違った申し出は、輿論とはいえない」と反論されてしまいます。そこで大隈は、条約改正には輿論の形成が不可欠であると感じ、それを作り出す場を築こうと試みたのです。

また新政府では、民間商工業者の協力なくして産業の発展は成し得ないとし、商工業者の代表団体を設置すべきと考えていました。こうした思いから、有力な商工業者を誘引して、商法会議所の開設を計画したともいわれています。

一方で、商工業者自身もまた、政府にならい外国と対抗、協調しつつ、商工業が健全に成長するためには、自らの世論を反映できる代表機関の必要性を痛感していました。こうした人々からの要望も、設立の一要因だったのです。

東京商法会議所に続き、同年に大阪・神戸、翌年には福岡・長崎・熊本などにも創設され、一八八一（明治一四）年までに全国三四か所に商法会議所が誕生しました。こうして、地域ごとに民意の結集、そして実業の発展が図られるようになったのです。

なお、商法会議所はその後、商工会、商業会議所、現在の商工会議所への系譜をたどっています。

道徳と経済の一致を説く

栄一の代名詞のようにも言われる「論語算盤《そろばん》説」「道徳経済合一説」。これらは、明治末期ごろから盛んに発せられ、彼が世に強く訴えた中心思想ともいうべきものです。一体、どのようなものだったのでしょうか。栄一が力説したのは、次の二点です。

一つは、道理の伴う富の追求です。栄一述の一書『論語と算盤』に「富なす根源は何かといえば、仁義道徳。正しい道理の富でなければ、その富は完全に永続することができぬ。ここにおいて論語と算盤という懸け離れたものを一致せしめることが、今日の緊要の務め」と示しています。

また録音盤として頒布された肉声による「道徳経済合一説」でも、「仁義道徳と生産殖利とは、元来ともに進むべきものであります」と説き、さらに、「孔子は、義に反した利は、これをいましてめおりますが、義に合した利は、これを道徳に適《かな》うものとしておることは、富貴をいやしむる言葉は、みな不義の場合に限っておるにみても、明らかでありま す」とも唱えています。

これらは、義を重んじれば、利益追求は良くないという考えがまん延していた中で、道理や道徳を伴っていれば、利益の追求は決して間違ったものではないとする考えでした。もう一つは、公益を第一に考えていたことです。栄一は、『論語と算盤』の中で、「個人の富は、すなわち国家の富である。個人が富まんと欲するに非《あら》ずして、如何《いか》でか国家の富を得べき、国家を富まし自己も栄達せんと欲すればこそ、人々が、日夜勉励するのである」という記述や、「真正の国家の隆盛を望むならば、国を富ますということを努めなければならぬ」とする言葉などからもわかるように、一個人が富んでも、その国の繁栄には直接結び付きませんが、社会全般を富ますことで、個人も富むだろう、という公益の追求を第一としていた姿勢が見受けられます。

さて、この栄一の「論語算盤説」「道徳経済合一説」は、江戸時代に定着した商業蔑視観を取り払うのに大きな役割を果たし、それが、商人の意識向上に貢献し、商業界育成の精神的支柱となりました。また、時として暴走しがちな市場経済に基づく資本主義の精神的制御装置の役割も果たしたのです。

そして、「道徳経済合一説」の締めくくりでは、「他日、世の中に普及して、社会をしてここに帰一せしむるようになるであろう、と行末を期待するものであります」とも述べていました。

私も、現実にかんがみ、道徳と経済の両立の行く末に期待したいものです。

日本の国際化と平和を推進

実業界を引退した栄一は、その後も自らの最後の努力という意を持って、社会事業などの方面で、より一層奔走することになります。

一つは、民間外交です。特に、アメリカで日本移民の排斥運動が起こり、日米関係が悪化する中、民間の立場から問題解決に取り組みます。

政府間レベルでの交渉だけでは、事はなかなかうまく進まなかった時に、栄一等民間の人間に対して外務大臣・小村寿太郎は「関係の改善に向けて民間からの援助をしてもらいたい」と要請しました。栄一は、官だけで国が動くのではなく、民の必要性が認められてきたというその意義を強く感じ、アメリカとの関係改善に努力しました。

例えば、一九〇九（明治四二）年、栄一は、東京・横浜・京都・名古屋・大阪・神戸の商業会議所会頭をはじめ、特に若手の経営者、技術者にジャーナリスト他随行員五一人からなる「渡米実業団」の団長としてアメリカに渡ります。

そして、三か月かけて六〇都市を巡り、大統領や地元の実業家などと面会し関係改善に

渡米実業団一行，エジソン電気会社にて（前列・右から６人目がエジソン，その左隣が栄一）（渋沢史料館蔵）

尽力しました。

また、栄一は第一次世界大戦の終戦を記念して設けられた「休戦記念日」（一一月一一日）に、毎年愛宕山の放送局（現在のＮＨＫ放送博物館）で、平和を訴えるラジオ演説を行っていました（口絵三頁・上段）。

公益の追求者

また、日米人形交流の日本側の中心を担うこともありました。一九二七（昭和二）年、アメリカの宣教師シドニー・ギューリックが「人形で遊ぶ日本のひな祭りの風習になぞらえて人形交換をし、世界の平和を子どもから築いていこうではないか」という提言をしますが、日本政府としては、それへの対応がなされていませんでした。

ギューリックは、日本の民間人として知っていた栄一に相談し、それを受けた栄一は、日本国際児童親善会を立ち上げ、その中心的役割を担い、人形交換を実行に移しました。アメリカから一万二八〇〇体の青い目の人形が日本に贈られ、その返礼として五十数体の答礼人形を贈ったのです。その時の人形が今でも各地に残っており、草の根的な国際交流に用いられることがあります。

そのほかにも、ヨーロッパやアジアの人たちとの交流も盛んに行い、自邸を民間外交の

「青い目の人形」を抱く栄一（1927（昭和２）年３月３日，渋沢史料館蔵）

拠点として多くの賓客を招きいれています。例えばインド詩人・タゴールなどは三回も訪れており、その時の映像フィルムが今も残っています。

栄一が民間外交で意識したのは、関係改善を図るためだけではなく、日本という国を国際社会の中にしっかりと位置付けたい、ということでした。

福祉においても、日本における医療や福祉の原点として位置づけられる「東京養育院」に関与。初代院長として、今でいう養護老人ホームをはじめ、児童養護施設や児童自立支援施設、虚弱児童の転地療養施設など、事業を拡大させました。また、そこを支えるための看護師や保育士を養成する機能を東京養育院に持たせています。

さらに、ほかの福祉施設や機関にも支援や協力をしています。教育面では、特に当時、高等教育とは無縁なものとして片隅に追いやられていた「商業教育」と「女子教育」の重要性に着目し、商業実務や女子を対象とした民間の教育事業の発展に尽力しました。現在、一橋大学や東京女学館、日本女子大学などに立派に受け継がれています。

このように、非常に多岐にわたる事績を残した栄一は、一九三一（昭和六）年一一月一一日、満九一歳で惜しまれながら、この世を去りました。

今日、その栄一をして単なる実業家でない「日本の近代化のオルガナイザー」と称される所以を感じて頂けると思います。

現代に生きる渋沢栄一

これまで見てきた栄一の事績・思想が現代社会において、今なお注目を浴び続ける点はどこにあるのかをまとめてみることにします。

まず、道徳と経済の一致を説き、企業倫理を徹底し、産業活動を活発化させたことです。道徳観、倫理観の欠如からさまざまな不祥事が起こっている現在、道徳的な観念を持った生産殖利の在り方を説いていた栄一の考えが、非常に注目されています。

次に、儒教精神の再評価です。栄一は日本に西洋の文化を取り入れ、国際社会の中に溶け込ませようとしましたが、決して忘れなかったのは儒教の精神です。今、アジア諸国の目覚ましい発展ぶりを見て、世界各国が改めて儒教精神・東洋の伝統文化に注目しているという動きがあります。

三つめは、企業の社会貢献の先駆者としてです。現在、多くの企業が社会貢献事業を行っています。しかし、企業の名前を前面に出すなど、企業のＰＲ活動ではないかと思われるケースもしばしば見受けられ、疑問を感じる場合もあります。「企業経営自体も社会事業として捉え、企業の利益を社会に還元するという栄一の信念を見直すべきでは」といわれています。

栄一は政治主導の中で、「経済の有為性にもう一度目を向け、官尊民卑の打破を掲げ、また公益を優先し、官の補完ではない民間先導の活動によってこそ日本の発展があり、国際社会への貢献がある」という信念を持ち続けました。これからの時代は、栄一の思想と行動から、官と民が一体となった新しい公益の実現を目指す行動が求められているように思います。

第二章　渋沢栄一のリーダーシップ——旺盛な好奇心、鋭い洞察力

リーダーシップが育まれた背景

現代社会において確固たるリーダーシップを発揮する人物の出現に期待が寄せられている中、渋沢栄一はまさにその求められる人物像として重ね合わせられています。

本章では、栄一が持ち得ていたリーダーシップとはどのようなものだったのか、九一年の生涯の中で遭遇したリーダーシップを発揮した場面とはどのようなものだったのか、その諸相を紹介したいと思います。

はじめに、栄一自身の中にリーダーシップが育ち、それを発揮できた要素・要因を探ってみたいと思います。

要因の一つは、生まれ育った地域と家にあると思います。前述しましたが、栄一の生まれ育った現在の埼玉県深谷市は、早くから貨幣経済が浸透し、交通の要衝の地に挟まれ、最新の情報に触れることができる先進性を帯びた地といっても過言ではない場所でした。そして、その地域にあって中核・まとめ役をなす家の長男に生まれ、育った影響は大きいと思われます。

二つめは、旺盛な好奇心、鋭い洞察力、柔軟な思考、広い視野（総合的判断）の持ち主であったところにあると思います。幅広い情報収集に基づく指針の決定、的確で強力な情

栄一の生家（屋敷の前に渋沢一族の墓地がある）（渋沢史料館蔵）

報発信につながっていました（口絵三頁・下段）。

三つめは、近代化を目指すには不可欠ともいえる合理主義的思考、未来志向の人であったことを挙げたいと思います。不条理に対し反発する姿勢を持ち続け、将来のよりよい世の中を考えていたところからも感じられます。

そして、最後に、忍耐力、粘り強さの持ち主である点です。新たな事業が順調に進むことは、なかなかありませんでした。その中にあって試行錯誤を繰り返しつつ、自らが奔走し、何度も苦難の道を切り開いてきました。また、そこから、さらなる厚い信用を得たことが、幅広い人的ネットワークの構築につながり、よき判断を下せる状況が整い、新たな場面でリーダーシップを発揮していくことになりました。

理不尽さへの怒り

先に紹介したような要素・要因をもって、栄一はさまざまな場面でリーダーシップを発揮しました。ここでは、その前触れ的な少年期の状況・エピソードから実態を感じてもらえればと思います。

一八五四（安政元）年、栄一一四歳にして血洗島村の今の青年団組織のような「若い者」の仲間入りをしていますが、翌年には、その仲間らに推され、従兄・喜作と共に指揮者となっているのです。これは、栄一のリーダーシップ要因の一つ、村の中核・まとめ役をなす家の長男に生まれ、育った人間だからという目で見られたからであるのと、そのような家での生活によってまとめ役としての素養が身に付いていたことが認められたからだと思われます。いずれにしても指揮者の経験が、彼自身のリーダーシップ育成につながっていきました。

一六歳の時には、病気を患っていた栄一の姉のために叔母が祈祷師を招き、姉についた祟《たた》りを追い払おうとしたことがありました。その時、祈祷師が姉の病気の原因を家にある無縁仏の祟りのせいにしたのを、栄一が、無縁仏が出たのは何年程前で、その年号を質問したところ、その祈祷師が無縁仏の出た年の年号を間違えたのです。栄一は祈祷師の言辞の不合理性をつき、追い返したのです。

また、一七歳の時には、出頭を命じられた代官の陣屋に、風邪を引いていた父の名代として出向いた際に、殿様の姫君のお輿入れの物入りのために御用金五〇〇両を申しつけられたことがありました。金をもらう側であるにもかかわらず、武士・役人というだけでいばりちらす態度に腹を立て、理不尽な要求に対して反発した栄一は、本来であれば了承を即答すべきところ、最後まで首を縦に振ろうとはしなかったのです。

栄一のこうした不条理に対する反発心は、士農工商という階級制度や、彼が尊王攘夷思想を抱く上で大きな影響を及ぼすことになるアヘン戦争をめぐるイギリスの要求の理不尽さへの怒りにもつながりました。また同時に、近代化を目指すには不可欠ともいえる合理主義的思考へとつながったのだと思われます。

商工の振興に尽くす

本章の冒頭で、リーダーシップを発揮する要素として、旺盛な好奇心、鋭い洞察力を指摘しました。栄一は、幕末の渡欧体験でそれらを大いに発揮して、将来に向けて有効な数多くの情報を収集して帰国します。

帰国後の栄一は、静岡で蟄居状態にあった徳川慶喜の近くで、農業・商業に従事して平穏に生活したいという思いでいました。同時に、当時の日本の商人は地位が低く、学のある者も少なく、高利貸しに類した者や往々にして小売商にすぎなかったので、栄一は、日本も今後商業・工業を興し、商工業者の地位を高め、富強を図らなければならないと感じていました。

ちょうどその時に、静岡藩は、石高拝借金という政府からの貸付金五三万両を受領していました。年三パーセントの利子で一三か年賦で償却するという方法のものでしたが、栄一は、返済方法に見込みを立てずにそれをただ藩庁の政費として使うことに懸念を抱きました。そこで、石高拝借金を元として殖産興業に努め、同事業にて生ずる利益を返納金に充てることを静岡藩に勧め、ヨーロッパで学んできた合本法による「商法会所」の立ち上げを、自ら規則書に書き提案したのです。

当初、栄一にとって「商法会所」は、地元の商況を一変させて大いに経済発展を助ける目的のものでしたが、静岡藩でその端緒を開いたらおのずから各地に伝播し、日本全体の商業を一新させる一端とする強い思いも込められたのでした。

また、これによって民間の知識が深まれば、何でも役人に頭を下げる必要もなくなることになり、自然と官尊民卑の弊はなくなると考えていました。

これらの事例からは、体験・実践を通して得られた情報を理解する高い能力、そしてそれを基とした行動力、時宜を逃さず、速やかに実行に移す能力も見られましたが、これら

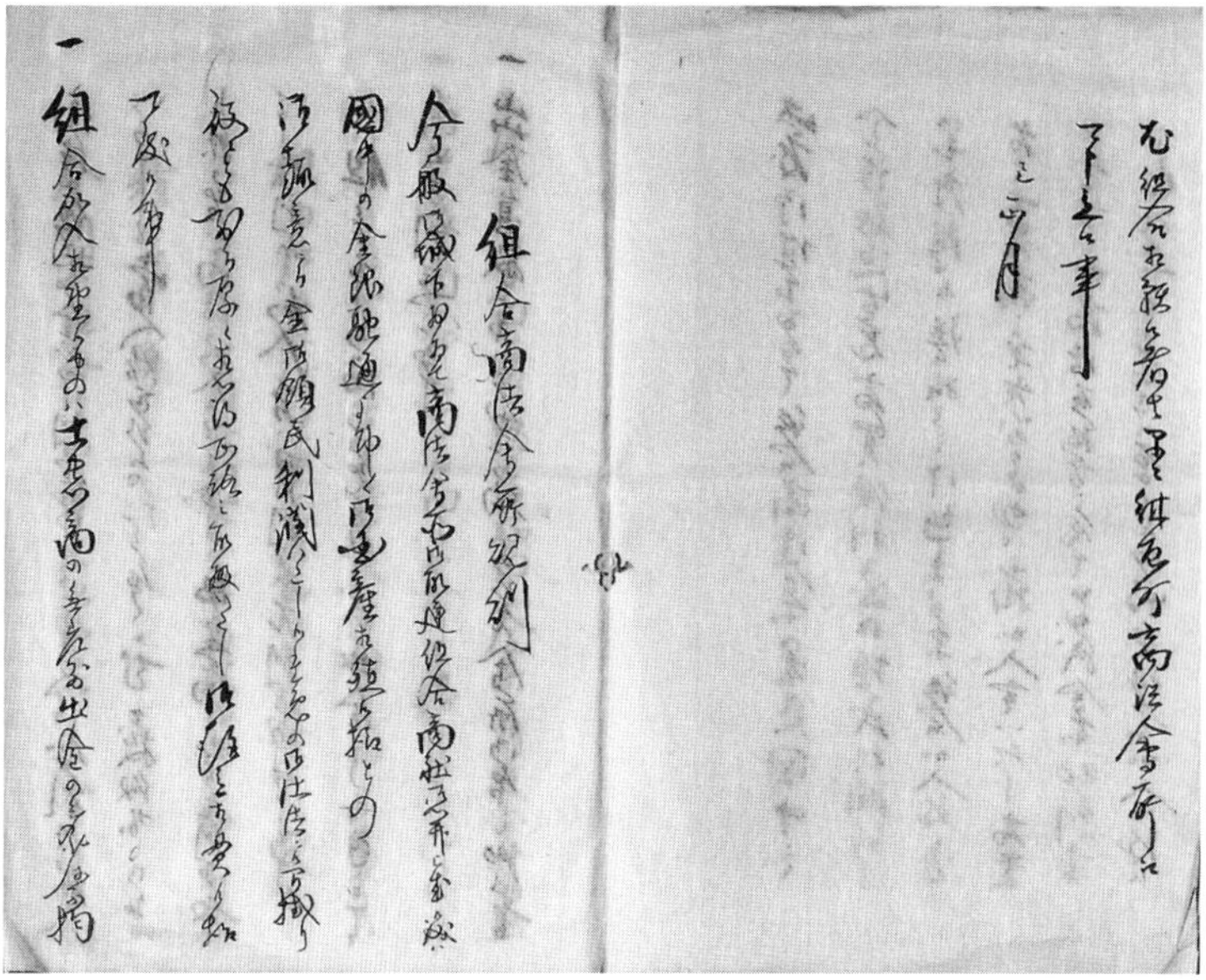

「商法会所規則」（1869（明治２）年１月，渋沢史料館蔵）

もリーダーシップを発揮する要素・要因として捉えることができるでしょう。

適応力と忍耐力

栄一は、日本全体の商工の振興を図るために会社経営法の原点ともいわれる合本法の普及に努めていきます。

「商法会所」を立ち上げた後、明治政府の役人時代には、商工振興の基盤整備のための政策を実行する中で、『立会略則《りっかいりゃくそく》』や『会社弁』といった会社設立の手段や方法を説明した書籍の発行に携わっています。そして、実業界に身を投じて以降、大きな展開を見せるのです。

新たに会社を立ち上げて、その経営を軌道に乗せることは決して容易ではありませんでした。第一章でも少し紹介しましたが、例えば、抄紙会社は、資本金五〇万円で、外国人技術者を高給で雇い、機械はすべて輸入に頼り、一八七五（明治八）年、東京・王子に工場を完成させていますが、いくら努力しても商品として販売できるような紙を作ることができず、栄一は苦境に立たされました。大川平三郎を渡米させ、技術を習得させた後、彼の指導によってようやく利益が出るようになりましたが、これまでには一〇年の月日を要してします。

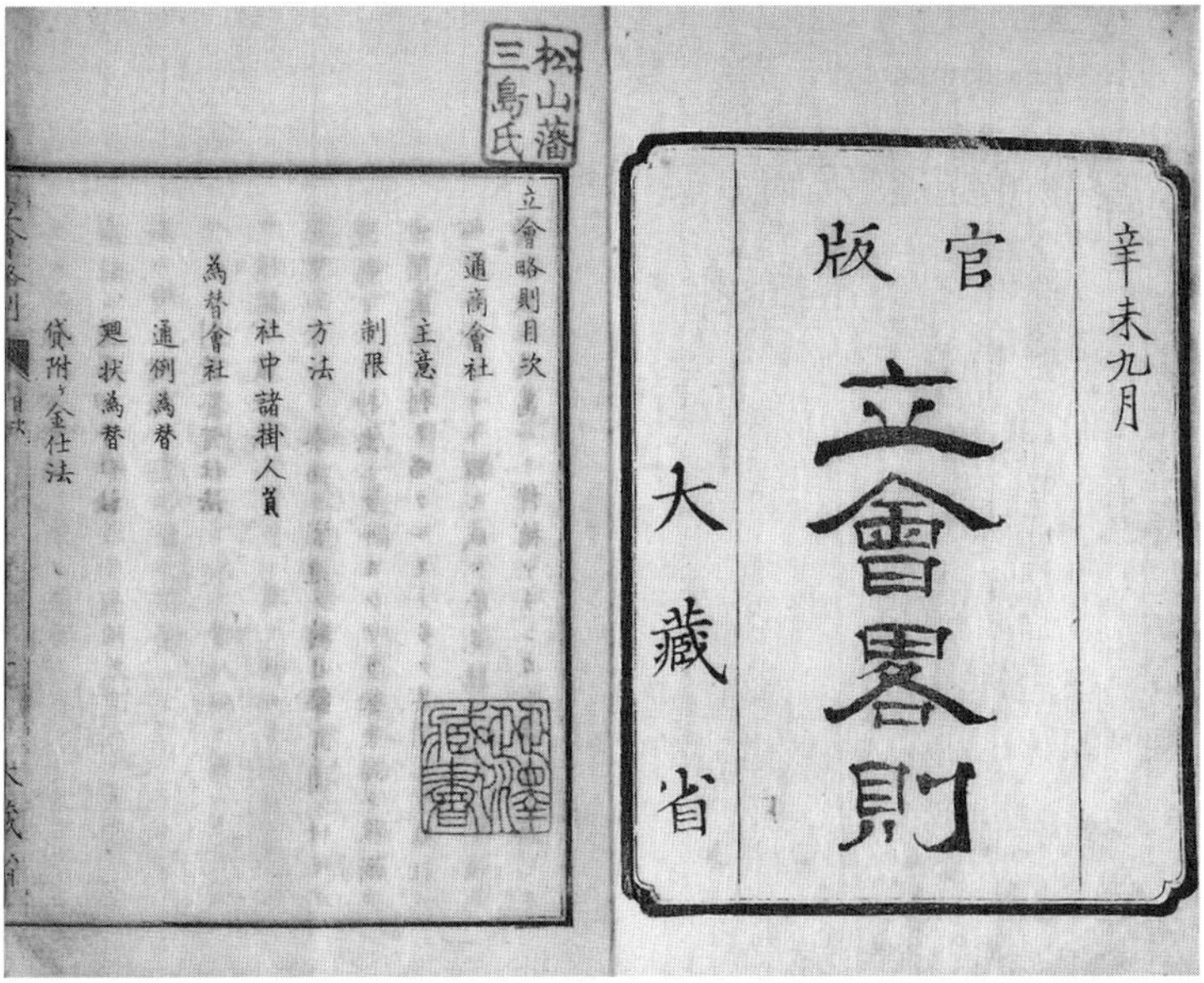
辛未九月

官版

立會略則

大藏省

立會略則目次

通商會社

主意

制限

方法

社中諸掛人員

為替會社

通例為替

廻状為替

貸附ヶ金仕法

松山藩三島氏

会社の設立方法などをまとめた「立会略則」（渋沢史料館蔵）

大阪紡績（現在の東洋紡）の場合は、まずは大工場による事業が不可欠ということで、資本確保の問題がありました。まだまだ財力も信用も乏しかった中で、鉄道敷設のための華族による出資金に目を付けました。鉄道敷設がおぼつかない中、栄一は、宙に浮いた状態の資金を活用したのです。なんとか会社創立にこぎ着けたものの、同じ品質の綿糸製品を作るのに苦労しました。抄紙会社同様の状態であったのを、山辺丈夫にイギリスで技術を学ばせ、彼の技術指導によって事業を軌道に乗せることができたのです。

それぞれ軌道に乗るまでの出資者への説明には、さすがの栄一も進退窮まったといわれています。ただ、栄一が粘り強く、誠実さをもって説得に当たったことで、株主も理解を示し、長期の無配に耐えるなど応えてくれました。このような苦労の積み重ねによって、株式会社は信用を得、普及・定着していったのです。

情報への適応力と同時に、忍耐力による厚い信用の獲得が、リーダーシップ発揮の要素として見えてきます。

東京養育院廃止論への抵抗

第九章でもふれますが、社会福祉の分野にも非常に力を入れた栄一が同分野に踏み出した端緒であり、強く傾注した事業の代表格に東京養育院があります。

東京養育院（大塚本院正門）（渋沢史料館蔵）

栄一は、国の繁栄は同時に貧民を増やすことでもあるという念を年々深くし、その問題を解消させるためにも養育院を世の中になんとか根付かせようと努力しました。

ところが、一八七九（明治一二）年以降、地方税によって賄われるようになった養育院の経費に対して、非難の目が向けられるようになりました。一八八一（明治一四）年には、東京府が支出する養育院の経費が全国総救育費の半分以上を占めていたことを問題だとして、東京府会や一部マスコミが「租税をもって天下の貧民を救おうとすべてきない」と養育院廃止論を唱え始めたのです。

社会や政府が貧民を救うには限界があるのだから、公的機関はあまり干渉せず、自然に任せた方が良い、とする考え方で、ジャーナリストの田口卯吉などが主張しました。そして、東京府会は一八八四（明治一七）年に、養育院への府費の打ち切りを決定しましたが、これに抵抗したのが栄一でした。

翌年に、栄一は東京府知事の芳川顕正に「困った人々を助けるのは社会を治めるのに必要な義務であり、もしこの施設がなくなれば、貧しい人々は頼るところがなくなり餓死者が街頭に横たわる惨状となるだろう。明治の初めに造られた養育院は、開設以来、東京の窮乏に苦しむ者が行き倒れることを避けるのに大いに役立ってきた。かかる過去を回顧し、将来を推考すれば、到底これは廃止すべきものではない」という内容の建議書を提出しています。

この栄一の熱意、リーダーシップのおかげで、養育院はなんとか廃止を免れ、その後五年ほどの間、民間の委任経営とし、事業を継続させることができました。さらにその後、東京・大塚、そして板橋に本院、そのほかに分院を設けるなど、事業を拡大していったのです。

国際協調・国際平和への尽力

国際的な役割を非常に多く担った栄一は平和な国際社会を強く希求し、この方面においてもリーダーシップを発揮しています。

栄一が創設・運営を支援した平和を目的とした団体の中に、一九〇六（明治三九）年に発足した大日本平和協会がありました。栄一は同協会で積極的に活動した会員でした。また、一九二〇年代初め、国際連盟の活動と理想を支援するため結成された国際連盟協会の初代会長を務めました。彼は国際連盟を世界平和への新しい希望の礎とみていたのです。

栄一は、一九一二（明治四五）年に行った演説で、戦争が一国の経済を助けるという考え方を否定し、戦争が富を増すと考えることは、その人間の経済的真理に対する無知をさらけ出すとしました。

彼は個人的および国家的貪欲、人間対立、国際紛争という三つの原因から起きる戦争が経済的価値を生むという考えに反対の意思を表しました。そして、経済的利益に着目しつつ、世界がより豊かになるためには国際協力がいかに重要であるかを力説しています。

また、国際的秩序は平和的な「経済戦争」によってもたらされるべきだと信じていた栄一は、生産と通商の振興こそが、近代世界の中で生存・発展していかなければならない各国に共通な課題で、武器によらず、知識と生産の促進による「経済戦争」こそ、将来の戦争であるとしました。さらに、戦争を避ける唯一の方法は、社会の道徳的水準を引き上げることと考えていました。人間性と正義の原則は国際関係において有効であるだけでなく、商工業の利益とも合致するものとしました。

栄一は、強い信念を粘り強く伝え、平和な国際社会へ導こうとしたのでした。

国際協調を願う世界中の人たちから栄一は、非公式ながらも国際関係改善を目指す運動、つまり「民間外交」の傑出した実践者であることを認められ、「グランド・オールドマン（偉大なる老人）」として讃えられもしました。

また、一九二六（大正一五）年とその翌年の二度にわたってノーベル平和賞の候補に挙げられています。詳しくは、「渋沢栄一こぼれ話（三）」をご覧下さい。

文化を遺すために

栄一の九一年の生涯を振り返ると、彼が残した事績の中には、記録資料を保存する取り組みや、今でいう文化財保護に対する考え・意識を見いだすことができ、この分野においてもリーダーシップを発揮した一面がうかがえます。ここではその事例を紹介したいと思います。

栄一が生きていた時代は、まだまだ文化財保護という考え方にまで至っていませんでしたが、栄一は、新しい制度や技術なりを導入して世の中を変えていきたいという思いと同時に、それまであった伝統的なものをきちんと残し、後世に受け継いでいかなければいけないという考えがあったように思えます。

例えば、現在、渋沢史料館の近く東京都北区西ヶ原に「一里塚」という交差点があり、実際に、本郷通り（旧日光御成道《おなりみち》）という幅広の道路の真ん中に、島状に一里塚が残っています。日本橋より二里目（約八キロメートル）に当たるこの一里塚には、二本の榎の木がありました。

一九二五～二六（大正一四～一五）年、市電の軌道敷設に伴い、道路拡幅・改修と一里塚の撤廃が計画された際に、栄一は、二本の榎は後世まで守るべきものだとして、当時の滝野川町長をはじめ、地元の名士と金銭を出し合って周辺の土地約六〇〇坪（約一九八〇平方メートル）を買い取り、公園指定地として東京市に寄付しました。同時に、きちんと公営施設として守るべき旨の指示を出しているのです。これにより飛鳥山公園の付属地として保存されることになりました。

また、栄一はそれを長く受け継がせるための手法として、そこに石碑を設置しました。保存の経緯・事実を記録し、後年まで残す必要があるとし、旧江戸城の外郭虎の門の巨石を得て、文学博士三上参次《みかみさんじ》の撰文、阪正臣《ばんまさおみ》の書、徳川家達《いえさと》の題額による「二本榎保存之碑」を建てたのです。一九一六（大正五）年一〇月二二日には、同碑の除幕式が行われ、栄一も出席し、演説しています。

今でこそ道路の真ん中に残されていることの良し悪しはわかりませんが、今日、各地で一里塚が失われていく中、都内には、旧中山道筋の板橋・志村の一里塚と西ヶ原一里塚と、二つ残るのみとなりました。実際に当時の場所で残っている西ヶ原一里塚は国史跡に指定され、大切に守られています。これも先を見据えた判断、行動力によって発揮された栄一

「二本榎保存之碑」除幕式（渋沢史料館蔵）

のリーダーシップによるものといえます。

関東大震災からの復興

東日本大震災をはじめとする多くの自然災害からの復興に思いをはせる中で思い出されるのが、関東大震災後の震災復興に尽力した栄一のリーダーシップとその活動でした。栄一は政府に協力しながら、スピーディーにきめ細やかな対応ができる「民」の力を結集し、国際的な視野で長期的な対応に当たりました。

一九二三（大正一二）年九月一日、栄一は兜町の事務所にて被災しましたが、秘書に助けられ、飛鳥山の屋敷にようやく逃れることができました。その時、彼は八三歳で、息子たちは出身地の埼玉県深谷に移って静かにしていたほうがいいと進言するのですが、こういう時に働いてこそ生きている申し訳がたつようなものだと、率先して動くことをやめませんでした。

栄一は、当時の内田康哉臨時代理首相、さらには東京府知事や市長、警視庁などの要人に、まず緊急の対策として食糧の供給や仮設住宅の建設に取り組むよう求めるとともに、人々の心を沈静化させるために暴徒の取り締まりに注意を促しました。自身も埼玉県から米を取り寄せるなどの手配を行い、私邸を滝野川食糧配給本部としました。

在京罹災埼玉県人救護団バラックを訪れた栄一（個人蔵，渋沢史料館提供）

内務大臣に就任した後藤新平が打ち出した四つの大方針にのっとり、労使協調を主としていた「協調会」の代表として、栄一がまとめ役になり、復興に向けて民間の立場からその支援策を考えていくことになりました。避難所、炊き出し場の設置や、情報を正確に伝える案内所と掲示板の設置などを行い、臨時の病院の開設にも着手しています。

その後、財界の人間に声を掛け、当時の商業会議所に四〇人ほど集めて「大震災善後会」を設立。当座の復興支援・救済策から最終的な復興のことまで目を向けた対応を考え始めます。労働者や、罹災した在日外国人に対する援助のために何をするかというところにまで目を向けて動き、さらに「帝都復興審議会」の委員として、首都東京を商業都市として復興させようともしました。

栄一は、人々が平和な生活を取り戻すためには、「物質の復興」の前に「人心の復興」が不可欠であると考えていました。

救護法施行をめざして

一九二八（昭和三）年一二月、財団法人中央社会事業協会（現在の社会福祉法人全国社会福祉協議会）の主催によって開かれた「第一回全国救護事業会議」において、「救護法」の制定を建議することが決議されました。

それに基づき、翌年二月、栄一が同会会長として同法の制定・実施を当時の田中義一総理大臣、望月圭介内務大臣、三土忠造大蔵大臣に建議し、翌月、貴衆両院の議員に対し、同法の議会通過への尽力を依頼しました。

これが功を奏したか、同年四月、病弱・幼少・貧困といった理由から生活できない者を救護する法律として、わが国最初の救貧立法である「救護法」の制定・公布をみたのです。ただ、当時の政府は緊縮財政政策を採っていたため、施行は先送りとなり、そのまま三年ほどが経過してしまいました。

しかし、その間も中央社会事業協会のあっせんにより、同年一一月に「救護法実施促進継続委員会」が組織され、さらに翌年、「救護法実施促進期成同盟会」へと発展し、運動は継続されました。

この期成同盟会の代表二〇人が、栄一に会長就任の懇願をするために飛鳥山の渋沢邸を訪れました。

その際、栄一は病を押して面会し、「私も及ばずながら社会事業に尽してきた者であるから、よく諸君の真意が分かりました。老体が何の足しになるか知れませんが、とにかくできるだけは致します。これは私の義務でもあります」と誠意を込めて誓い、安達謙蔵内務大臣を訪ねたり、方面委員（現在の民生委員）の代表を招いて激励したりしました。

残念ながら栄一は、その場に居合わせることはできませんでしたが、このような努力のかいがあって、一九三二（昭和七）年一月一日から「救護法」実施をみるに至ったのです（なお、同法は一九四六（昭和二一）年に「生活保護法」ができると同時に廃止されています）。

栄一の社会福祉事業への関わりは長く、深いものがあります。最晩年に至っても「これは私の義務でもあります」と言い切る強い意志の下、まさに老体にむち打ち、しかも病を押しても、人々の生活を守るために尽くそうとして先頭に立ち、陳情などに赴くその姿から、栄一が強いリーダーシップを発揮した一面がうかがえます。

渋沢栄一こぼれ話（一）

渋沢栄一の幻の一〇〇〇円札

「渋沢栄一こぼれ話」（一）～（四）では、栄一についての素朴な疑問への答えや、これまであまり語られることがなかった「こぼれ話」をご紹介させていただきたいと思います。はじめに、栄一が肖像に描かれた紙幣についてご紹介します。新一万円札の肖像に栄一が決まったことはすでに多くの方がご存知と思います。

栄一生誕の地・埼玉県深谷市では、商工業者の方々によって栄一の肖像を紙幣にしようという運動がありました。「開運紙幣」として一〇万円の見本紙幣でまちおこしを図るという、大変ユニークなものです。「次回の肖像の変更の際、さらには高額紙幣の発行に際しては、ぜひ栄一の肖像を使ってもらいたい」という深谷市民をはじめとする栄一ファンの願いがついに叶いました。

戦後に発行された紙幣を見ると、主に板垣退助や伊藤博文などの政治家が選定されていましたが、一九八四（昭和五九）年以降は福沢諭吉や夏目漱石など文化人が採用されるようになりました。

韓国で発行された第一銀行券（5円・上段，10円・下段）（渋沢史料館蔵）

栄一は初代紙幣頭（後の印刷局長）であったことから、過去に何度か候補者に挙げられたといわれていますが、実現には至りませんでした。ただ、一九六三（昭和三八）年発行の一〇〇〇円札のときは、栄一も最終選考にまで残りました。結局は伊藤博文が採用されましたが、その主な理由は、栄一の肖像にはヒゲがなかったからだそうです。

当時、肖像には偽造を防止する目的で、ヒゲがある人物が用いられていました。伊藤にはヒゲがあったことが決め手になったと言われています（ただ、当時の五〇〇円紙幣に採用された岩倉具視には、ヒゲはありませんでしたが……）。まさに、〝幻の一〇〇〇円札〟というエピソードです。

なお、これまで日本では栄一の肖像を入れた紙幣は発行されていませんでしたが、栄一が経営していた第一銀行が韓国政府より紙幣発行を許され、事実上、韓国における中央金融機関としての役割を担っていたころの一九〇二（明治三五）年に、当地にて発行された第一銀行券（一円、五円、一〇円）には、栄一の肖像が描かれていました。

「渋沢栄一」名前の変遷

栄一は場面場面でさまざまな顔を持つ人でしたが、実は、自身の名前を度々改めています。

栄一が生まれて最初に名付けられた、いわゆる幼名は「市三郎」でした。名前の由来ははっきりしていませんが、生家では主人が代々「市郎右衛門」と名乗っていたので、「市」の字は良い字とされていました。これは想像ですが、ここから「市」の字を採り、三番目に生まれた男の子だったので、「市三郎」と命名されたのかもしれません。

一二歳のころ「市三郎」から「栄治郎」に改名したといわれていますが、その理由も分かっていません。このとき同時に、「美雄《よしお》」という諱《いみな》・実名も付けられたそうです。父親の実名が「美雅」だったので、おそらく、その一字をもらったものだと思われます。

その後、「栄治郎」から伯父・渋沢宗助（号＝誠室）が与えてくれた「栄一」に改め、これを通称（正式ではないが、世間一般で呼ばれている名）としました。

また、一七歳のときには、従兄・尾高惇忠に「仁栄」という名乗《なのり》（幼名や通称に代えて付ける名）を付けてもらっていますが、栄一自身は、「栄一」を名乗とし、通称のときに「栄一郎」と称していた、といわれることがあります。ただ、史料に記された「栄一郎」の名は散見されますが、栄一自身は「『栄一郎』と称した記憶はない」と後日述べています。

さらに、一橋（徳川）慶喜に仕えた際には、「篤太夫《とくだゆう》」と名乗っています。これは一橋家で用人を務める平岡円四郎が「おまえは道徳に心掛けがあるようだから『篤』という字が良かろう」と言って、武士にふさわしい名として「篤太夫」と付けてくれたそうです。

明治維新以後になって、「太夫」や「衛門」といった名前が禁じられたため、「篤太夫」

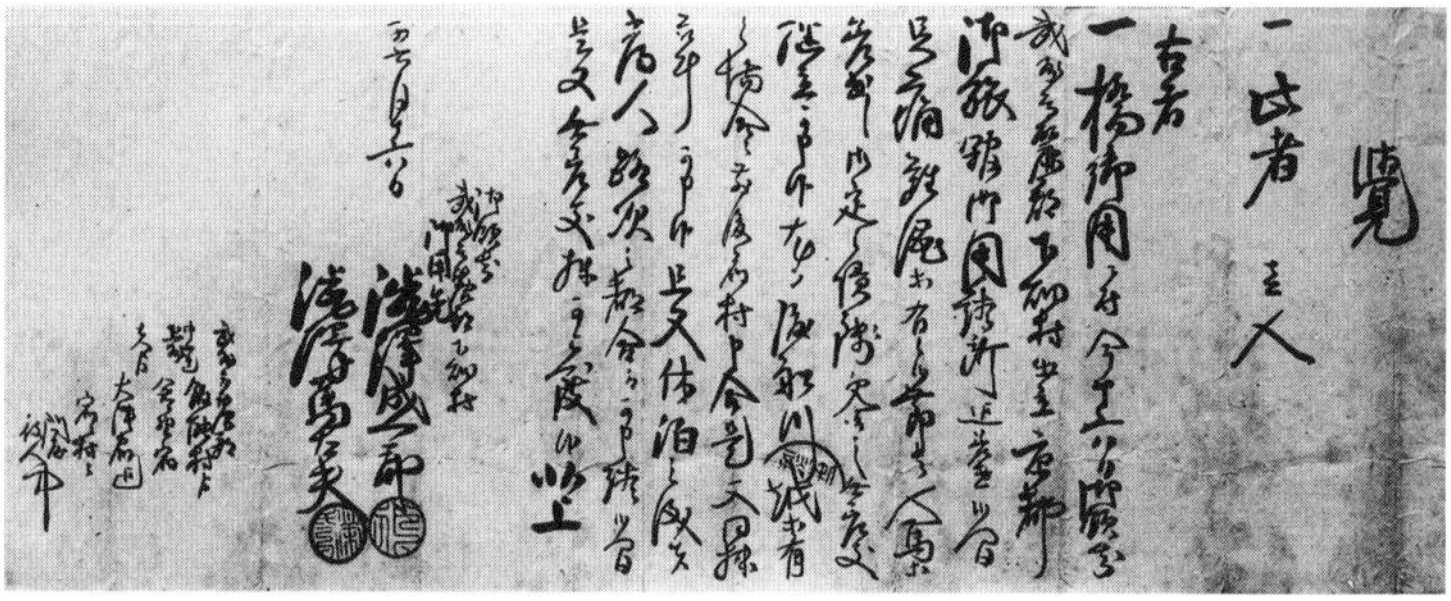

篤太夫の名が記された史料（渋沢史料館蔵）

を「篤太郎」に変えました。また、法律で一人でいくつもの名を持つことが禁止されたため、「篤太郎」をやめて「栄一」だけを用いるようになったそうです。

明治政府に出仕した際には、「源朝臣《みなもとのあそん》栄一」と署名したことがありますが、このときは「栄一」を「ヒデカズ」と読んでいます。

そのほか、「青淵《せいえん》」という雅号は、良く知られるところですが、これは一八歳ころ尾高惇忠に付けてもらったもので、栄一の生家の裏手に、いつも青々とした水をたたえた淵があったところから名付けたといわれています。

そして最後に、栄一が没した一九三一（昭和六）年一一月一一日には、寛永寺門跡大多喜守忍大僧正によって「泰徳院殿仁智義譲青淵大居士」とする院号が定められています。

第Ⅱ部　近代化のオルガナイザー

一度見込ある事業としてそれに着手したら、百折屈せず万折撓《たま》まず、その目的を達しなければ止まぬだけの、決心をもってやるようにしたいものである。前にも述べた通り、今日の時代はただ従来の事業を謹直に継承してゆけばよいという場合ではない。換言すれば、日本の現状は守成の時代ではなく、いまだ創設の時代である。（『青淵百話・坤』六八　元気振興の急務／無気力なる青年を誡む）

「名を成すは毎に窮苦の日にあり、事を敗るは多く因す得意の時」と古人のいうておるが、この言葉は真理である。困難に処する時は丁度大事に当たったと、同一の覚悟をもってこれに臨むから、名を成すは多く左様いふ場合に多い。（『青淵百話・乾』六五　大事と小事／境遇より達観せよ）

人世の行路は様々であって、ほとんど一律に論ずることはできないものであるから、時に善人が悪人に負けるごとく見えることもあろうが、長い間に善悪の差別は確然と付くものである。ゆえに成功に関する是非善悪を論ずるよりも、まず自ら誠実に努力するがよい。（『青淵百話・乾』三二　成敗を意とする勿れ／運命と智力）

第三章　パリ万国博覧会での奮闘

渡航船中にて

一八六七（慶応三）年のパリ万国博覧会。渋沢栄一がその人生の一大転機となった初の海外体験です。

栄一は、幕府使節団の庶務・会計係として参加しました。栄一がその折に見て・聞いて・感じた一端を、共に随行した杉浦譲との共著として一九七一（明治四）年に刊行した『航西日記』（全六巻）などの記録類から紹介していきたいと思います。

はじめに、渡航船中での一端を垣間見てみます。まずは、語学の練習についてです。以前は攘夷論を主張していた栄一ですが、この時には、何でも諸外国の好い処を知り得たいという思いが生じていたので、早く外国の言語を覚え、外国の書物を読めるようにしたいと思っていました。船中にてフランス語の稽古をはじめ、文法書などを教授されたようですが、栄一は、元来船には弱く、稽古も出来なかったので、自然と怠り、結局、進歩せずに終わったようです。

次は食事の様子です。朝七時頃、乗客が洗顔を済ませたころにお茶の時間がありました。お茶には必ず砂糖を入れ、あわせてパンやハムなどが出されたようです。パンはバターをぬって食べています。

『航西日記』（全巻）
（渋沢史料館蔵）

そして一〇時頃、朝食を食べます。陶器の皿に添えられているスプーン、フォーク、ナイフなどで食しました。菓子、ミカン、ブドウ、リンゴ、ビワ、その他数種がテーブル上に並べられているのを自由に取って食べたようです。また、ブドウ酒に水を加えて飲んでいます。魚、鳥、豚、牛、牝羊などの肉を煮たり、焼いたりして出され、パンを一食に二、三片好みに応じて食べたようです。食後にはカフェオレを飲み、「すこぶる胸中を爽やかにする」と感じたようです。

午後一時頃、またお茶を呑みます。「菓類、豚肉の塩漬け、漬物」（おそらく、豚肉の塩漬けはハム、漬物はピクルスだと思われます）が出たようで、たいていは朝と同じですが、ブイヨンスープも飲んだようです。パンはなく、熱帯の地に至った際には氷を水に入れて飲んだりもしています。

午後五時もしくは六時頃、夕食が出されます。

朝食に比べ、豪華な内容となり、スープにはじまり、魚を焼いた料理のほか、各種の料理そしてデザートとして山海の菓物およびカステラの類、あるいは砂糖でつくられた氷菓子、アイスクリームを食べたようです。

そして午後八〜九時頃に、またお茶が出されました。朝から夜までに食事二度にお茶が三度を常としたようです。長い船旅の中で、心が落ち着き、ゆったりとした気持ちとなる時間だったようですが、喫煙は禁じられていました。

食事およびお茶の際は鐘を鳴らして、その時を知らせてくれました。鳴鐘は、二度で、最初の一回は旅客を揃わせるためで、二度目はテーブルに着かせるためでした。もし、食べられないとか疾病であれば、医者に診てもらい、症状に応じて薬と適した食べ物が与えられました。

栄一自身は、出港前に横浜で初めて洋食を食べていましたが、船酔いに苦しみながら、船中での食事をどこまで楽しめたのでしょうか。

寄港地・上海に思う

幕府使節団は、横浜を出立してダイレクトにヨーロッパの地にたどり着いたわけではありませんでした。途中幾度か寄港し、また、船を乗り継ぎ、一部は陸路での行程でした。

ここでは、栄一が初めて踏んだ海外の地であり、最初の寄港地・上海で見た様子や同地で受けた印象を紹介します。

まず、川岸に立ち並ぶ外国人官舎には、各国の国旗が高く掲げられ、それぞれ便利のよい地を占めている様子、「江海北闕《こうかいほっけつ》」という看板をかけた税関では、荷物の陸揚げに便利なように線路が敷かれている様子に注目しています。川岸にはガス灯が設けられ、電線が張られ、樹木が植えてあり、また、道路は平坦で、ヨーロッパの街並みに似ていると感じたようです。

城が立つ辺りでは、つじ売りの商人が狭い道路で食物や器具などを売る様子、各商店や飲食店は二階建てだが軒が低く門が狭い様子、各種の看板がかけられている様子を見つつ、牛、豚、鶏、アヒルの肉を飲食店の店頭で煮ながら売っているので、いろいろな臭気がまじって鼻を突くことに耐えかねていました。

道は石を敷き並べてはいましたが、汚れた水が道の両側にたまり乾く間がなく、往来では商人やかごかき、物乞いなどが口々に叫んで群衆の中を行きかっていました。裕福な者はかごに乗っていましたが、貧しい者の半分以上は、衣服があかまみれで強い臭気を放っていました。

さらに、ヨーロッパの人が現地の人々を使役する様子は、牛馬を駆使するのと変わらず、また、市中を歩いていると現地の人が集まってきて往来をふさぎ、口々に雑言を吐いてやかましいのを、英仏の取り締りの兵が来て追い払うと、いったんは潮が引くように去りますが、しばらくするとまた集まる状況を、みっともないありさまで嫌なものと感じていました。

骨董屋《こっとう》などにはめずらしいものがなく、遭遇した縁日も日本と変わらないようでしたが、筆墨店で買い物をした際に接した、初めてのおしぼりのサービスには意外な思いを抱いたようでした。

城外の市街は広々としていて、毎朝魚市などが立つことを知り、また、橋げたを開閉することができ、船の通行の妨げにならない橋も見ています。遊郭や劇場もある裏通りには、芸妓らしい者の姿も見られ、月琴の音なども聞こえ、なかなか趣を感じていました。

以上のように、上海の良いと思われるところに目を向けつつも、いたるところで嫌な面が目についたようです。また、単に景色を見るだけでなく、例えば、税関で歳入増加に至った状況などについても情報を入手していました。

中国という国に対しては、東洋に名高い大国で、領土が広く、人が多く、土地が肥沃で産物の豊かさはヨーロッパ・アジア諸国も及ばないほどであるにもかかわらず、世界の開化に遅れをとり、国自体が貧弱になっていくという印象を抱きました。自国だけが優れた国であるとして尊大自恣の風習があり、アヘン戦争の敗戦後も、開国の方針も確立せず、武力で対抗できないことと、諸国の気持ちを測りかねていることをただ恐れているだけで、旧式の政治に固執しているという思いを持ちました。

公益事業を意識――スエズからアレキサンドリアへ

横浜を出立して一か月と一〇日が過ぎた三月二六日、スエズに着きました。ここからアレキサンドリアまでは陸路・鉄道での移動となったのです。その時目の当たりにしたのが、開削途中のスエズ運河の大工事でした。

西紅海と地中海とは、アラビアとアフリカ州の地先が交接するところで、わずかに一五〇～一六〇里（約五八五～六二四キロメートル）ほどの陸路が海路を閉ざしていました。そのため西洋の軍艦、商船などが東洋に来船するには、喜望峰を迂回《うかい》しなければなりませんでした。その経費は莫大《ばくだい》で、運送が極めて不便なため、一八六五（明治二）年ごろから、フランスの会社が、スエズから地中海までの堀割を企画して、大規模な土木工事を開始し、ちょうどその工事が進行中だったのです。汽車の左方はるか先にはテントなどが多く張られ、モッコを運ぶ工事人らの行き交うのが見えたようです。竣工《しゅんこう》は三、四年後の予定でしたが、完成した暁には東西洋間を直行の海路を開き、西洋人が東洋の声息を通じ、商貨を運輸する便宜は昔日の幾倍になるやもしれないというものでした。西洋人が事業を起こすのは、ただ一身一個のためにするのではなく、多くは全国全州の大益を図るものであり、

スエズ運河の様子（渋沢史料館蔵）

その規模の遠大さと目標の広壮さを一行は大いに感じ入ったようです。

また、初めて汽車に乗った際には、次のような面白い経験もしました。一緒に行った人達も皆ガラスというものを知らなかったので、汽車に乗ってから窓外を見ると、透き通って見え、何もないと思っていた一行のある者が窓の外へ捨てるつもりでミカンの皮を何度も投げたそうです。すると隣席にいた西洋人が憤って何か言い出したが言葉が通じないから、お互いに言い合っているうちに、ついに立ち上がって腕力沙汰になりました。

そこで栄一らは外国の言葉は分からないが皆でよくよく両方の話を聞くと、外国人はガラスがあるのにミカンの皮を投げてわざと自分へ当たるようにした、この日本人は実に失敬なやつだと言い、仲間の日本人の言い分は、ミカンの皮を外へ投げ捨てたので何の関係もないのに、この西洋人が憤ってくるのはけしからんと怒っているというものでした。結局ガラスのあることを日本人が知らなかったから起こったことが分かって、双方とも笑って事が済んだというものです。

栄一は、この時、公益のための会社事業の在り方を意識し、初めての汽車乗車体験によって、交通機関たる、海の船舶、陸の鉄道は絶対に必要で、日本へ帰国したら、ぜひやりたい事業だと思うようになったようです。

育英事業の礎石――フランス上陸

スエズからアレキサンドリアまでを陸路・鉄道で移動した後、改めて船に乗り換えて六日後の四月三日、いよいよフランス・マルセイユ上陸に至りました。船が岸に着くやいなや、祝砲で迎えられ、上陸後は、騎兵一小隊が前後を守り、「ガランド・オテル・ド・マルセーユ」というホテルに案内され、鎮台（地域警護に当たる軍隊）、海・陸軍総督、市長らが礼服で代わる代わる来訪し、安着の祝いを述べられるなど歓待を受けました。

その後、駐仏日本名誉総領事フリューリ・エラールの先導で、鎮台、陸軍総督を訪問、ナポレオン三世の別邸を一覧するなど市街を見学して回りました。また、同地では、写真館にて一行の写真撮影を行いましたが、栄一自身も生まれて初めて写真に納まったのでした。

そして三日後には、フランス海軍の基地が置かれているツーロンに行き、軍艦および諸機械の貯蔵庫を見学しました。鎮台付属の官吏が出迎え、兵卒半大隊ばかりが警衛し、奏楽の中、軍艦に乗り移り、大砲や蒸気機関などを見学しました。その後、発砲調練の際には大砲を試発させてもらったりもしています。他の三隻にも乗り移りましたが、各船に乗るごとに祝砲がありました。

昼食を終えてからは、製鉄所、溶鉱炉、反射炉に加え、兵器庫や種々の器械類を見ています。潜水士の実演も見ましたが、長時間水中で作業できる仕組みに大変興味を持ったらしく、その装置について細かく記録しています。

翌日、案内があって、歩兵三連隊、騎兵八小隊、砲兵一座の三兵の調練を見ましたが、その調練が、先のカンボジアの戦いで戦功をたてた者に勲章を与える行軍式の時のためであるということ、褒章授与の意義、根拠たるところをもしっかり知り得ていました。

また、四月八日には、学校を視察しています。化学試験所で、種々の製薬法や新発明の顕微鏡を見たこと以上に学校で関心を示した点の一つは、いずれも清潔で規則に沿ってよく整頓されている、生徒約五〇〇人が寄宿していた修学所や会食所、生徒部屋などの様子でした。そして他の一つは、その生徒の寄宿中の費用が、修学衣食その他一切の雑費を含めても、一般に比して相当低額で足りるということでしたが、その理由が、富裕の人たちが協力して、助成のための基金を設けているということでした。

この学校視察の経験は、後に寄宿舎、奨学金設置などの育英事業に当たった栄一にとって、意識させるきっかけとなったのかもしれません。一行は、この後、リヨンを経てパリへと向かったのです。

パリ到着――慈善事業へのまなざし

四月一一日夕方、ようやくパリに到着しました。その翌日の朝から、現地の外国事務大臣へ無事到着した旨を伝える書簡をしたため、さらに滞留中の規則などを定め、衣服などの注文をし、随員のための借宅探し、博覧会に日本の産物を出品する手続き、事前の会議などで時間に追われていました。

ただ、その合間を縫って、市中各所を巡覧しています。博覧会会場の場所を確認することも兼ねたりしましたが、植物園、水族館を見学し、大変珍しいと感じています。とても盛り上がりを見せた競馬場にも足を運んでいます。

また、皇帝ナポレオン一世の墓を訪ねています。セーヌ川沿いの博覧会会場のすぐ近くにあり、結構壮大なものでした。誰彼を問わず自由に見させていたようです。

ただ、栄一の目を引いたのは墳墓の傍らに立つ数種の家でした。その家には、戦争で重傷を負って社会復帰できなくなった人が寄宿していました。政府がこの土地を選んで、国に尽くした人たちに安い費用で治療を受けさせているように見えたようです。また、墳墓の前殿および四方の門に立ち門番などする人の多くは、戦争の時に手を負傷した人々で、機械を陳列操作するところを守衛している人の多くは、足を負傷した人々というところまで見ていました。後に福祉事業でも大きな功績を残す栄一の原点を垣間見たような気がします。

そして、四月二八日には皇帝との接見式がありました。まず、着用した礼服に目が行ったようです。例えば、フランス駐在の日本総領事フリューリ・エラールは黒羅紗《らしゃ》に金モールの服に礼帽をかぶり帯剣という姿で、儀典係二人は紫羅紗に金モールの礼帽に帯剣だったようです。

日本側はというと、公使は衣冠、全権および傅役《もりやく》は狩衣《かりぎぬ》、歩兵頭ならびに第一等書記は布衣《ほい》、第一等翻訳方、歩兵指揮、第二等書記らは素袍《すおう》でした。第一車から第四車までの馬車で皇帝のもとへ向かいましたが、当日、その馬車行列を見ようと、近郊から来た群集が道を埋めたようでした。

城中正門からは軍楽隊の奏楽の中を通行し、玄関に入って馬車を降りると、儀典長の先導の下、五室通り抜けてようやく接見の席にたどり着きました。三段になった壇の上段左に皇帝ナポレオン三世、右に帝妃、左方に外務大臣その他の高官が並び、右方に高貴の女官が並んでいましたが、そこで厳かに会見、公書の受け渡しなどの儀式が行われました。

儀式が終わって帰館した夜に、祝賀の宴を催したようですが、何かしらホッとした感が伝わってきます。

いざ万博会場へ

いよいよパリ万国博覧会会場に足を踏み入れる時がきました。栄一が実際に見た万博会場の様子はどのようなものだったのでしょうか。

会場は、セーヌ河畔の周囲約四キロメートルもある元練兵場で、一週間ほどかけないと見きれないという規模のものでした。その中心に楕円《だえん》形の巨大な建物を建て、内部は、陳列する物品の多少に応じて、参加した国・地域に区域の広狭が定められていました。フランスが会場の大半を占め、他国はその六分の一、一六分の一と区分けされ、日本の区域は一二八分の一でした。これを清国、シャム両国と三分することになっていましたが、日本が多く出品したので、そのうちの半分以上を占めていました。

万博の入場料は一フランでした。一週間または二週間の通し切符もあり、割引価格となっていました。また、外国公使や参加国の貴族に随従する官員は無料でした。

出品物については、服飾やぜいたく品にも目はいきましたが、人体解剖の模型（紙細工）、電気仕掛けで図画を模出する機械などといった新発明・新製品の機械類に栄一は注目した感があります。アメリカから出品された耕作機械や紡織機械は、特に優秀であると推奨しています。各国で用いている金銀貨幣の見本にも注目し、各国の丸い貨幣の中で、

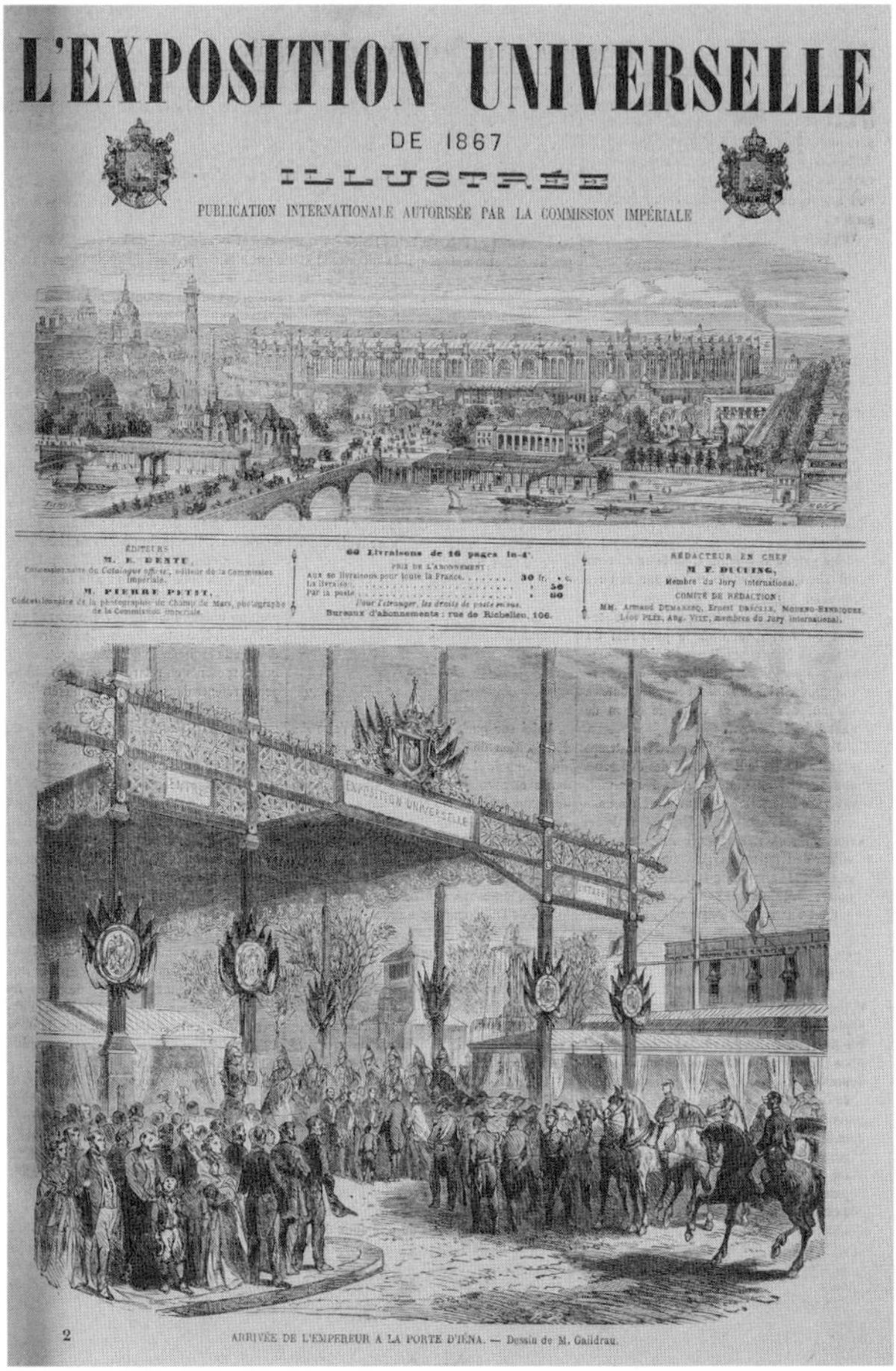
L'EXPOSITION UNIVERSELLE
DE 1867
ILLUSTRÉE
PUBLICATION INTERNATIONALE AUTORISÉE PAR LA COMMISSION IMPÉRIALE

ÉDITEURS
M. [illegible],
Concessionnaire du *Catalogue officiel*, éditeur de la Commission impériale.
M. PIERRE PETIT,
Concessionnaire de la photographie du Champ de Mars, photographe de la Commission impériale.

60 Livraisons de 16 pages in-4°.
PRIX DE L'ABONNEMENT :
Aux 60 livraisons pour toute la France. . . . . . . 30 fr. [illegible] c.
La livraison 50
Par la poste 60
Pour l'étranger, les droits de poste en sus.
Bureaux d'abonnements : rue de Richelieu, 106.

RÉDACTEUR EN CHEF
M. F. DUCUING,
Membre du Jury international.
COMITÉ DE RÉDACTION :
MM. Armand DUMARESQ, Ernest [illegible], [illegible], Léon [illegible], Aug. VITU, membres du Jury international.

2 ARRIVÉE DE L'EMPEREUR A LA PORTE D'IÉNA. — Dessin de M. Gaildrau.

パリ万博会場（渋沢史料館蔵）

日本だけが方形をしていることに疑問を感じたようです。

展示場の外縁では、諸国・諸地域の名産を売る茶店・酒店が並んでいました。その中で人気を博していたのが、日本の茶店でした。

ひのき造りで、六畳敷きに土間をそえ、便所もあって、もっぱら清潔を旨としていました。土間では茶を煎じ、「古みりん酒」などと共に供していました。庭の休憩所には腰掛けを置き、人形を並べて観覧にそなえ、座敷には、かね、すみ、さとという三人の女性が座って、その姿や服装を見せていました。その衣服・髪飾りがめずらしいばかりでなく、東洋の婦人が西洋に渡ったのは初めてなので、西洋人はこれを子細に見ようとして、縁先に立ちふさがり、眼鏡を使って熟視するほどでした。その衣服を借着し、ついにはこれを買いたいと申し出た者もあったといいます。栄一は「物好きなこと、誠に驚くべき」と思っています。

外部も広大で、一日二日で見終わらないほどでした。地球上のあらゆる動植物を集め、博物学者の研究の素材として供し、動植物の栽培・飼育の方法を開発させていたのです。

栄一が見た万博とは、物品の優劣や工芸の精粗を比較するだけでなく、学芸上の諸分野について、世界の公論と最新の知識によって従来解決できなかった疑問を解明し、あるいは新説を提示するために、学者や技術者はもちろん、各国の専門家によって、神髄を極めるものだったようです。

ナポレオン三世の演説——褒章授与式

パリ万国博覧会見学から一〇日ほどたった七月一日、フランスのランジストリー宮殿にて博覧会の褒賞授与式が行われました。将軍徳川慶喜の名代として幕府から派遣された徳川昭武は、各国の国王、王子、后妃などと共に授与式に列席しました。会場は、宮中の大柱がある所に桟敷を組み立て、二万人余りを収容できるように仕立てられ、中程に、博覧会の出品物を一〇種に分けて置き、その主要なものには標札を立てたようです。

この式典において、ナポレオン三世は次のような内容の言葉を述べています。「この一八六七年の博覧会は、一見極めて物質的だが、実は極めて哲学的な原理に関するもので、人心の一致、和平を助け、四海が一家のように、共に太平の幸福を享受するための一端となるものであります。万国の人民がここに集まることによって、相互に敬愛することを知り、憎み合うことを忘れ、自国の繁栄は他国の繁栄を助けるという根本原則を理解し、全地球上のあらゆる自然や人工の品をことごとくここで見ることができるので、これを〝ユニバーサル〟と言ってもよいと思います。

人間のあらゆる知恵と技術を明らかにしましたが、特に、工業の利用に関して、今回ほど心を用いたことはありません。労働者の教養、厚生、力を合わせて一つの仕事をするこ

褒章授与式会場（渋沢史料館蔵）

とについて特別に重点を置きました。これらの点を見れば、あらゆる面での文明開化が一斉に進んでいることが分かります。

人の知恵は無限に発達し、人の心は日に開き、都市と田舎の差は次第に消え、人情はますます厚くなるでしょう。この国の盛大さと文明を多くの人に示すことができたことも、誇りに思うのです。

このようにしてもなお、この国の盛大さを見ず、この国の開化を卑しむことがあるならば、それは逆に自分の国を愛する気持ちがないものと思います。この国も最近まで国内も穏やかでなく、外国を侵し脅かすこともありましたが、今はすでに平和で豊かで、かえっ

ナポレオン３世（松戸市戸定歴史館蔵）

て他国の開化を促し、文明を高めようと努力しているのです。この国にしばらくでも滞在した外国人は、わが国民が他の国民に対して好奇心が強いと理解するでしょう。

この博覧会が万民の開化のための一つの段階となることを、私は最も期待するのですが、幸いに神の助けを得て、帝位を永久に保持し、国民を安寧にし、人心慈愛の源をひらき、道理正義の勝利を告げることができるようにしたいと思っているのです」。

栄一は、このナポレオン三世の演説内容に感服したのですが、それ以上に驚いたのは、翌朝の新聞に演説内容が掲載されたことでした。情報を重視する栄一は、多くの人々に、速やかに伝達できる新聞にいたく興味を示し、非常に重宝なものと感じたのでした。

新聞で日本の評判を知る

先に紹介したように、栄一は、多くの人々に速やかに情報を伝達できる新聞にいたく興味を示しましたが、新聞に掲載された日本を紹介する記事に目がとまり、その評判が気になったようです。

例えば、七月一七日付けの新聞に掲載された万国博覧会の記事は、次のように日本について触れていました。

「全アジアの中で、最もよく準備され、フランスに送られたみごとな産物は、日本のものでした。それは、小箱、鏡の付いた銀や象牙細工の小家具、青銅器、磁器、玻璃器、日本でも珍しく貴人以外は手に入れることができない卵殻という磁器、よく鍛えた刀を収める銅または木材でつくられた鞘《さや》、天然水晶で細工した玉、日本婦人の美しさを想像させる人形などで、ヨーロッパの好事家をうならせるものばかりでした。家具として使う蒔絵《まきえ》漆器もありました。漆器は、木製の器に彫刻を施すように漆を盛り上げて描いたもので、とても高価なものです。漆は、漆の木の樹皮に刀で刻みを入れ、ゴムの木のように流れ出した樹液を採取してつくるもので、顔料をまじえて各種の色を出し、これを銅版上で練って、金銀なども交えて描くようです。

日本人が最も好む装飾は長寿を示すもののようで、鶴、亀、松の木があります。また、架空の動物を意匠として描くことも好きです。尾に濃い毛を生やした亀や、竜の頭に馬の胴に鹿の足がある怪獣などがそれです。日本で有名な山である富士山や帆かけ舟、魚が水中にて元気に泳ぐ様子なども好んで描かれています。

また、煙管《きせる》に珍しいものがありました。その管は極めて奇妙な形を彫刻した木または象牙製のもので、装飾されています。

日本で煙管は、男子の持ち物として欠かせないもので、絹のひもで衣服に帯びているようです。その管は蘆《あし》の管で、がん首は小さく、青銅を使っています。わずかに火を保つに足るほどで、これを吸うには指先でたばこを豆粒大に丸め、管の先に詰めるので、一吸いで終わってしまいます。日本の喫煙者は、しばしば一日に一〇〇管吸う者がいるそうです。たばこは黄色で、トルコ産のものに似ていて、細糸のように刻み、その香りは人に心地よい感じを与えます。上等品は薩摩、長崎で産しています」。

新聞では、そのほかにも日本人の感情や習俗、家屋について紹介したり、万博期間中、劇場などで演じられた手品、こま・軽業などの曲芸について、その良し悪しをヨーロッパ、フランスの視点から評したりしていました。後に、世界に近代日本を知らしめたいという思いもあって民間外交に尽力した栄一は、この時に、日本を世界に正しく、しっかり伝えることの重要性を感じたかもしれません。

国王による「トップセールス」――ベルギー訪問

幕府使節団は、パリでの公式行事を一通り終えると、将軍徳川慶喜の国書を各国元首に奉呈する目的で、条約締結国を訪問する「欧州巡歴」の旅に出掛けました。

まず、九月三日にパリを出発し、スイス、オランダ、ベルギーを訪問し、一度パリに戻った後、一〇月一七日に再び出発し、イタリア、マルタ島（当時イギリス領）を訪問しました。その後、もう一度パリに戻り、今度は一一月一日に出発し、イギリスを訪問するという旅程でした。

この巡歴の旅に随行した栄一は、欧州各国の名所はもちろんのこと、政治、軍事、経済・産業など当時の欧州社会に触れることができたのです。ここでは、その中で、ベルギー訪問時のエピソードを紹介したいと思います。

九月二四日の夕方六時にベルギーの首都ブリュッセルに着いた一行は、二六日に陸軍学校を視察し、当日が同地の大祭日ということで開催された花火の催しも見学しています。二七日には、アンベルスという地の砲台を視察しました。当地がベルギーで第一の要地であることから、特に強固な守りが築かれており、欧州を挙げて攻めてきても、容易にこれを破ることはできないというほどだったようです。

三〇日には、リェージュで銃砲を製造する機械を見て、シラアンでは製鉄所を視察し、反射炉と溶鉱炉の二つの炉、鉄材精製の方法、鋼鉄の吹き分け方、石炭採掘法、砲車や蒸気車、鉄道、線路その他いろいろな機械の製造を見ています。その後、一〇月一日には、マリートオワニエトで鏡やガラス器などの製造を視察し、三日にチュウルンで行われた狩猟を見て、さらに五日には、陸軍の歩騎砲三兵の発火演習を見たのでした。

そして、六日の夕方六時に王宮に招待され、国王と同席の晩さんのもてなしがありました。国王は正面に、徳川昭武はその右側の席につき、昭武の随員および幕府の高官たち一行も相伴にあずかったようです。

この時、ベルギー国王・レオポルド二世の「どこを見学したか」という質問に、昭武が

レオポルド２世（松戸市戸定歴史館蔵）

製鉄所を見学したと答えたところ、「それは良い。製鉄所を見たならば、鉄を買うようにせねばならぬ。国というものは鉄をたくさん使うほど盛んになる。私の国では鉄がたくさんつくられており、イギリスよりも廉価である」と言い、今でいうトップセールスが行われたのです。

栄一は、初めて謁見《えっけん》した一四歳の昭武に国王が鉄を買えと勧めた様子に、奇妙で、実におかしいと感じました。ただ、自国を富ますために国王自らが商売のことに口を出す様子に、自分が目指す官尊民卑が打ち破られた世を見て、いたく感心したのでした。その感心の度合いがよほど強かったようで、後年、栄一はこのエピソードについてたびたび語っています。

グラント将軍夫妻歓待の素地——イギリスでの大歓迎

旅程の最後に訪れたのはイギリスでした。一二月一日にパリを出発、イギリス側が用意した郵便蒸気船にてドーバー海峡を渡り、一七日にまたパリに戻るという行程でした。

一行はイギリスで大歓迎され、丁重なもてなしを受けました。ウィンザー城でのヴィクトリア女王接見式にも臨んでいます。ただ、イギリス側から、あくまでも懇親の応対として万事略式にしたいので、正装することもなく、随従者も減員してほしいなどの申し出があり、それを受け入れてのものでしたから、残念ながら、栄一は随行できなかったようです。

その後、栄一も随行して、イギリス各所の軍事施設や軍事演習を視察したほか、例えば、テムズ河畔に建つ広大な議事堂、ヨーロッパ第一の大新聞社と言われたタイムズ新聞社、先年開催された博覧会の会場跡地が、いろいろ手が入り市民遊覧の場所となっており、そこにつくったガラスの巨大な建築物クリスタル・パレス、イングランド銀行などを視察しています。

栄一は後年、ドーバーに到着した時の思い出を次のように述べることがありました。それは、「自分がかつて徳川昭武に従ってフランスへ赴き、かつヨーロッパ各地を訪問した時のことで、特に記憶に残っているのは、ドーバー海峡を渡った時に、ドーバーの市民総代が、日本の貴人を迎えるというので、いち早くまちの入口で歓迎文を読んだことであります。なんでも西洋のこの風習は、まちの入口で入って来る人に敬意を表し、まちを自由に視察するための鍵を与えるというような意味があり、尊い人に礼儀を尽くすために行うものだそうですが、ドーバーのような地方団体として有名な人を接待するのには良い方法であると思い、結構な風習であると感じました」というものでした。

実は、一八七九（明治一二）年にアメリカ第一八代大統領を務めたユリシーズ・S・グラント（グラント将軍として有名）夫妻が来日し、東京を訪問するに当たって「東京接待委員会」を組織し、栄一と福地源一郎が代表となり、東京市民全体で歓迎しました。ドーバー市民の代表が歓迎の文を読み上げ、市民が昭武一行を歓迎する様子にいたく感銘を受けていた栄一は、「グラント将軍を歓迎するに当たって、ドーバーで受けた方法と同じように行いたいと、益田孝、福地源一郎などに諮ったところ同意を得ましたので、グラント将軍夫妻がまず新橋駅に着いた時、この方法を採って歓迎文を読んだのであります」と語ったように、思い出の体験を、グラント将軍夫妻が来日した際に生かしたのでした。

帰国――激動の日本へ

「欧州巡歴」の旅を全て終えてパリに戻った翌日より、将来の日本の良き指導者となることを期待されていた徳川昭武は、予定されていた留学生活に入りました。乗馬の練習に始まり徹底した語学学習など朝から晩までとてもハードなカリキュラムを着実にこなしたようです。随員たちも「留学生」となって、昭武と共に学びました。また、洋服を着用するようにもなりました。

栄一は、引き続き庶務・会計の仕事に忙しい日々を過ごしていましたので、勉学に集中することはできませんでしたが、職務遂行を通じてさまざまな実地見聞を積んでいくことができました。

栄一が苦心したのは、諸費用を節約して、昭武の留学・滞在費用を捻出することでした。昭武が留学生活に入ったころには、日本からの送金が途絶えがちでしたので、一層の経費節減が必要だったため、次の節約策を実践しました。①昭武用の馬車三両のうち二両を売却、②雑用係として雇用していたフランス人を解雇、③それまで昭武と随員たちが別々に取っていた食事を、一緒の食卓で取る、④余剰金はフランスの銀行へ預金、⑤フランスの鉄道債券と公債証書を購入して利殖。また、栄一の提案で、昭武と随員一同の今後のために毎月定額を積み立て、積立金がたまると銀行へ預金しました。

しかし、年明け早々、現地の新聞報道、電信、日本からの御用状などにより、王政復古のクーデター、鳥羽伏見の戦い、旧幕府軍の敗北、そして徳川慶喜の大坂城脱出と上野寛永寺での謹慎など、辛い情報が次々と飛び込んできました。昭武たちは、全貌が分からないために今後の進退をどのようにするべきかを決定できなかったところに届いた慶喜の手紙にて、昭武はそのまま留学を継続するように伝えられたのでした。

五月には新政府から昭武に帰国命令書が届きました。また、水戸藩庁からの御用状で、昭武が水戸藩主に就任することが告げられ、帰国を迫られる事態となりました。そのため長期留学は困難な状況となり、昭武は帰国を決断しました。

栄一は帰国の準備を急ぎ、フランス政府とさまざまな交渉を重ねたほか、帰国費用を調達するために奔走し、購入していた鉄道社債とフランス公債も売却しました。また、経費の収支決算、家庭教師の解雇手続き、借りたアパートの解約、仏国商社への未払い金処理、万国博覧会出品物の売却処分など、さまざまな債務・事務処理を急いで済ませたほか、荷物の梱包《こんぽう》、関係者への下賜品調べ、土産物の調達、乗船手続き、銀行で為替手形の受け取りなど、帰国準備や手続きに忙殺されたのでした。

マルセイユ港を出港した際に昭武に随行したのは栄一ら九人で、華々しかった横浜出港時とは違う、寂しいものでした。

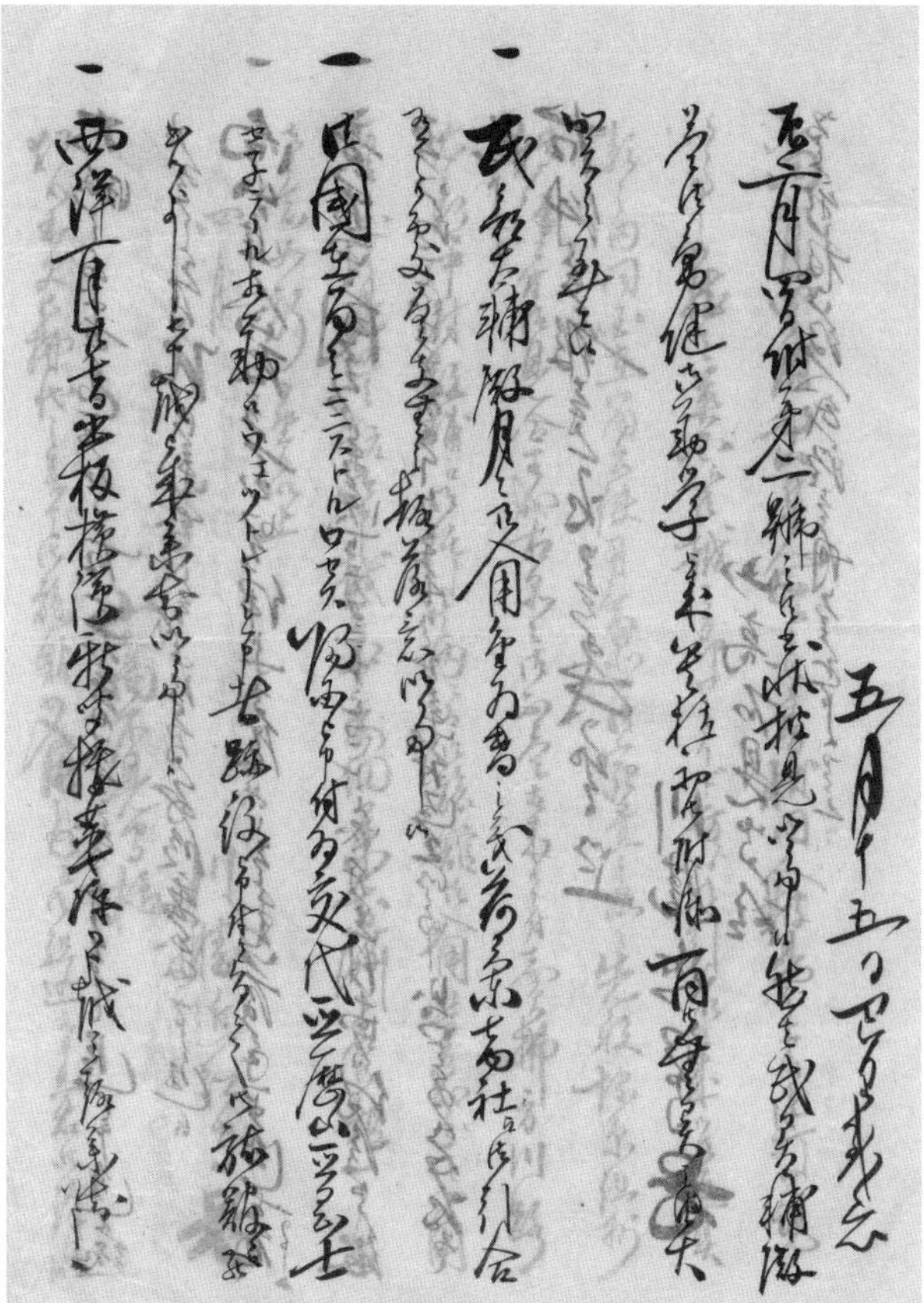

昭武の帰国命令を伝える御用状（写）（渋沢史料館蔵）

第四章　新しい国づくりへ——明治の知識集団「改正掛」の長として

「万国並立」のために――改正掛の誕生

本章では、渋沢栄一が民部省内に設けられた改正掛《かいせいがかり》の掛長として近代日本を目指すべく制度改編に当たったた一端を紹介してみたいと思います。

はじめに、その改正掛の誕生についてです。当時、大隈重信、伊藤博文、井上馨といった政府の首脳たちは、欧米の先進国に肩を並べるべく近代化を目指していましたが、版籍奉還後の民部・大蔵省の体制は不十分なものでしかありませんでした。したがって、大隈、伊藤、井上などは、政府内で地歩を固めるために、近代化政策を立案し得る有能な人材を必要としていたのです。求めていたのは、欧米の制度・文物について、洋行・留学体験を経て知見を得た人物や、留学の体験がなくても、専門的知識を持つ人物でした。大隈などは、藩閥などを一切無視し、このような人材を急ぎ集めようとしたのでした。その一人として栄一は見いだされたのです。

栄一は、民間での事業推進を考えていましたが、大隈の強い説得によって、政府に残る決意をしました。ただし、現状を打破するために、次の意見を具申しました。「今の省内のありさまでは、目指す諸般の改正は到底なし得られないと考える。省中は、長官も属吏もその日の用に追われて、何の考えもする間もなく一日を送って、夕方になれば、即退庁という様子である。真正に事務の改進を図るには、第一にそれを目的とする組織を設けるのが必要で、有為の人材を集めて諸般の改正について研究もせねばならないから、省中に一部局を設けて旧制を改革せんとすること、また、新たに施設せんとする方法、例規などは、全てこの部局の調査を経て、その上、時のよろしきに従ってこれを実施するという順序にせられたい」といった旨のことを述べ、改正掛新設を提議したといわれています。同様の考えを持っていた大隈も大いにこの説に同意し、民部省内に改正掛が設置されるに至ったのです。

実は、栄一の「日記」によると、大隈への提議の前に、坂本政均《まさひら》（大蔵少丞《しょうじょう》兼民部少丞）とかなり談じ込んでいたり、岡本健三郎（民部権少丞《ごんのしょうじょう》兼大蔵権少丞）と「省中諸務釐正《りせい》」「省中改正」に談じたりしている様子がうかがえます。当面の諸務に追われる省内の事情を栄一は岡本・坂本らから聞き、民部・大蔵省で専心活動するためには、まずそれを可能とする省内改革の要、改正掛の設置を大隈に承諾させることが必要と考え、強く訴えたのです。

こうして、新政府内部で、欧米先進国と肩を並べる「万国並立」のための近代化政策を積極的に推進する部局「改正掛」が誕生し、栄一は掛長として尽力したのでした。

掛長奔走——襟懐を開いて討論

ここでは改正掛について概観してみたいと思います。まず、どのようなメンバーが集っていたかです。栄一が租税司と兼務だったように、監督司から何人、駅逓司から何人というように主要メンバーの多くは兼任で異動もあったようです。設置された翌年には、より有為の人材を要するとして、掛長・栄一は、大隈重信に申請し、静岡の藩士中から前島密、赤松則良、杉浦愛蔵、塩田三郎らを続けて登用しました。また、その他にも例えば、洋書の読める人なども推薦して、都合一二～一三人で組織されていました。

このように改正掛は、必ずしも固定した専任の者によって構成されているわけではありませんでしたが、大隈、伊藤博文に直結した民部・大蔵全般の省務を対象とする調査・諮問機関として、広大な権限を持っていました。

実態をのぞいてみると、会議には伊達宗城《むねなり》、大隈、伊藤らの卿輔も出席し、互に襟懐を開いて時事を討論したので、掛中は常に和合していたようです。また、血気盛んな人々が、いろいろ研究をしたり、見聞したりした結果を、互いに論じ合ったので、時にはけんかと間違えられる程だったようです。

改正掛の性格は、「民部省改正掛条規」の諸規定に反映していましたが、一人民に対す

明治初期の大蔵省（渋沢史料館蔵）

る法、政府内部の執務を規定する章程、府県の条例、民部・大蔵省内各司の規則など全般にわたって改正掛が立案するという、民部・大蔵省というよりは政府の「立案所」として位置付けられています。

改正掛の活動は極めて多方面にわたっていました。栄一の回想によると、改正掛で取り扱った案件は約二〇〇件もあったということで、いかに精力的に任に当たっていたかが分かります。

中には、政府の基本政策についての建議、稟議などが含まれていました。従来、この種の建議は、政府指導者の一人が、個人的発意に基づいて事に応じて行うものか、あるいは政府内外の個人が、特定の政府指導者に対して行うものに限られていましたが、改正掛による建議・稟議の提出は、新しい性質を帯びていたとする指摘があります。民部・大蔵省の一部局である改正掛が、内部で「公議」を尽くして定めた意見を省議で承認し、それが民部・大蔵省の長によって廟議に提出されました。従って、従来一般の建議とは異なり、多くの場合、省務上の問題として太政官の裁可を求める形を採っていたといわれています。

改正掛は、一八六九（明治二）年一一月に発足しましたが、民部・大蔵省の分離にともない、翌年七月、大蔵省に転属し、一七八一（明治四）年八月、廃藩置県とともに廃止されました。わずか二年足らずの存続でしたが、その密度濃い活動には感心させられます。

エキスパートの活躍――東海道試験郵便の試み

改正掛で取り扱った具体的な案件について見ていきたいと思います。最初は、近代的郵便制度の確立に向けての動きです。

本件を主導したのは、前島密でした。前島は前述したように、改正掛設置当初に掛長・栄一の要請によって一八七〇（明治三）年一月に静岡藩士から改正掛のメンバーに加わった一人です。プロジェクトごとに、その道に精通した人材が集められていましたが、前島は、当時、郵便・通信といった分野のエキスパートとしての採用でもあったようです。そして、同年五月には駅逓権正に任ぜられます。

その前島が、郵便・通信事業確立のために、まず東海道試験郵便の計画を改正掛に諮り、次のような内容の稟議書をまとめ太政官に提出したのです。

「手紙を安全かつ迅速に往復させて情報・消息を知ることにより、物資が広く行きわたる。これは国家の政治上でも重点事項であり、個人の交際上も大切なことである。今日までこれを商家（飛脚問屋）に委ねていたので、それほど遠くない所でも十数日もかかり、早急便で頼めば多額の賃金を要し、遠方、辺境の地などにはほとんど音信出来ず、たとえ出来たとしてもいつ届くか、時には紛失してしまい、つい相互の関係が絶えてしまう状態である。これではいけないので、官がまず試験的に東海道筋を京都まで三六時間、大阪まで三九時間の郵伝法を開設し、公用・私用に拘わらず、安い料金で継達し、その手続きも簡単にするため書状賃銭切手を発行したいので御評決の上布告して頂きたい」。

承認を受けて動きだしたこの試みが起点となって、近代的郵便制度は、一八七一（明治四）年から東京、京都、大阪の三都市と東海道筋で開始されました。

前島は、自叙伝『鴻爪痕《こうそんこう》』の中で、駅逓権正に就任時に「官たると民たるとを問はず、其音信を迅速に且つ安全に通達せしむることの切要なるは、猶人体に於ける血液運行の敏活自在を必要とするが如し」と思いを述べています。

実は、前島は長崎で勉学に励んでいた時に、米国の駅逓制度について書いてあった漢訳本『聯邦志略《れんぽうししゃく》』を読んでいました。また、米国人宣教師・ウィリアムが述べた「通信は国家においてちょうど人間の血液のようなもので、血液の循環によって健全を保つ。（中略）

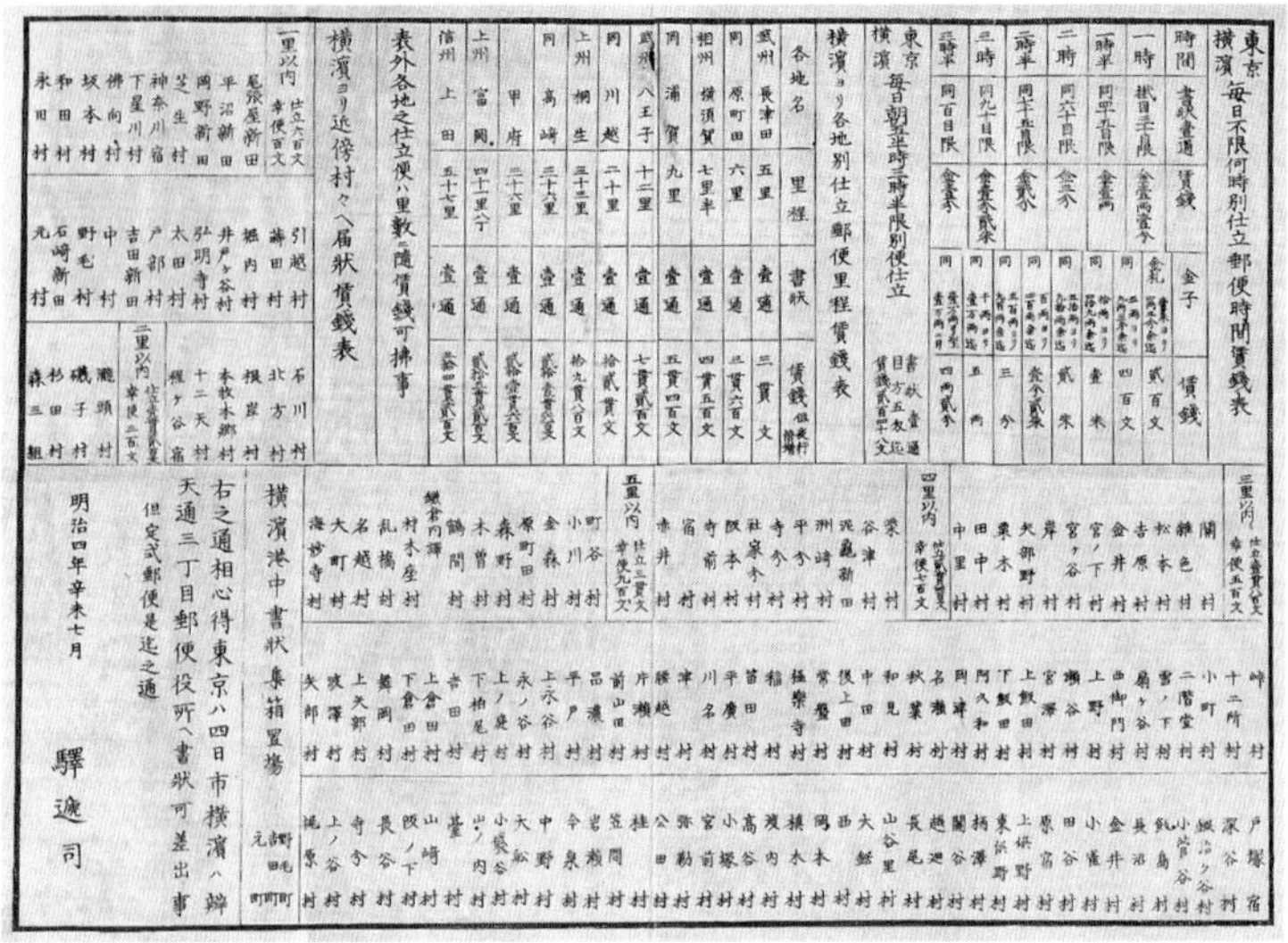
東京横濱毎日不限何時別仕立郵便時間賃銭表

横濱ヨリ各地別仕立郵便里程賃銭表

表外各地之仕立便ハ里数ニ随賃銭可拂事

横濱ヨリ近傍村々へ届状賃銭表

横濱港中書状集箱置場

右之通相心得東京ハ四日市横濱ハ辨天通三丁目郵便役所へ書状可差出事

但定式郵便是迄之通

明治四年辛未七月

驛逓司

東京・横浜の郵便時間賃銭表（渋沢史料館蔵）

政治・経済をはじめその他もろもろの物事に関して、血液である通信が滞りなく全国津々浦々に達し、今日のような活発にして富める米国が出来たのである」との言葉や、一枚の切手を貼った封筒を手にして、「この標章は配達料を支払った証拠で、これをポストに入れれば間違いなく宛先へ届く」といった言葉を聞いたことからここで紹介した動きがあったと感じられます。

米国の模倣ではありましたが、新たな創意も加えられ、そして今日の姿に至っているのです。

精鋭たちの努力——職制・事務章程の改定

次に、職制・事務章程の改定について見ていきたいと思います。一八七一（明治四）年七月一四日、廃藩置県の詔書が発せられると、政府はその旨を体して、機構改革に着手しました。この月二九日には太政官《だじょうかん》制を改め、太政官に正院、左院、右院を置くことにしています。

正院には太政大臣がいて天皇を補翼し、庶政を総判し、祭祀、外交、宣戦、講和立約の権、海陸軍のことを統治しました。その下に納言がいて職掌大臣が次です。太政大臣が欠席のときは太政大臣を代理します。

そして参議は太政大臣に参与して官事を議判し、太政大臣・納言を補佐し庶政を賛成することをつかさどるように職務を制定しました。太政官にはその下に、枢密大史、同権大史、同少史、同権少史、大史、権大史、少史、権少史を置き、常に出勤して、機密の文案を作成したり、位記、官記をつくり、文書の記録をつかさどったりすることにしました。以上のほか、各省の職務担当など全ての職制と事務章程に明記し、政務遺漏なきことを期したのです。

そもそもこの制度は、伊藤博文が米国にて調査してきた制度の一つでした。日本でも米国の制度に倣い、敷かなければならないということで、大隈重信、井上馨、そして栄一にぜひ実行してもらいたいと何度も言ってきたといわれています。

制度の検討は、井上が大阪の造幣寮勤務から東京に異動になった一八七一（明治四）年五月ごろから始動しました。伊藤が米国で調査してきたのは、国立銀行制度、国債法についてもありましたが、これらの調整と同時並行して、官省の職務章程の改正に着手したのです。大蔵大輔となった井上の指図で、改正掛長の栄一が特に中心となって調整に当たりました。

その年の盆ぐらいまでにぜひともまとめたいとのことでしたが、各部局の章程を全て決めるのですから、この字が良い・悪いといったところから始まる状態で、なかなか間に合わない状況でした。しかし、当時、東京・湯島にあった栄一宅に改正掛の富田冬三、杉浦

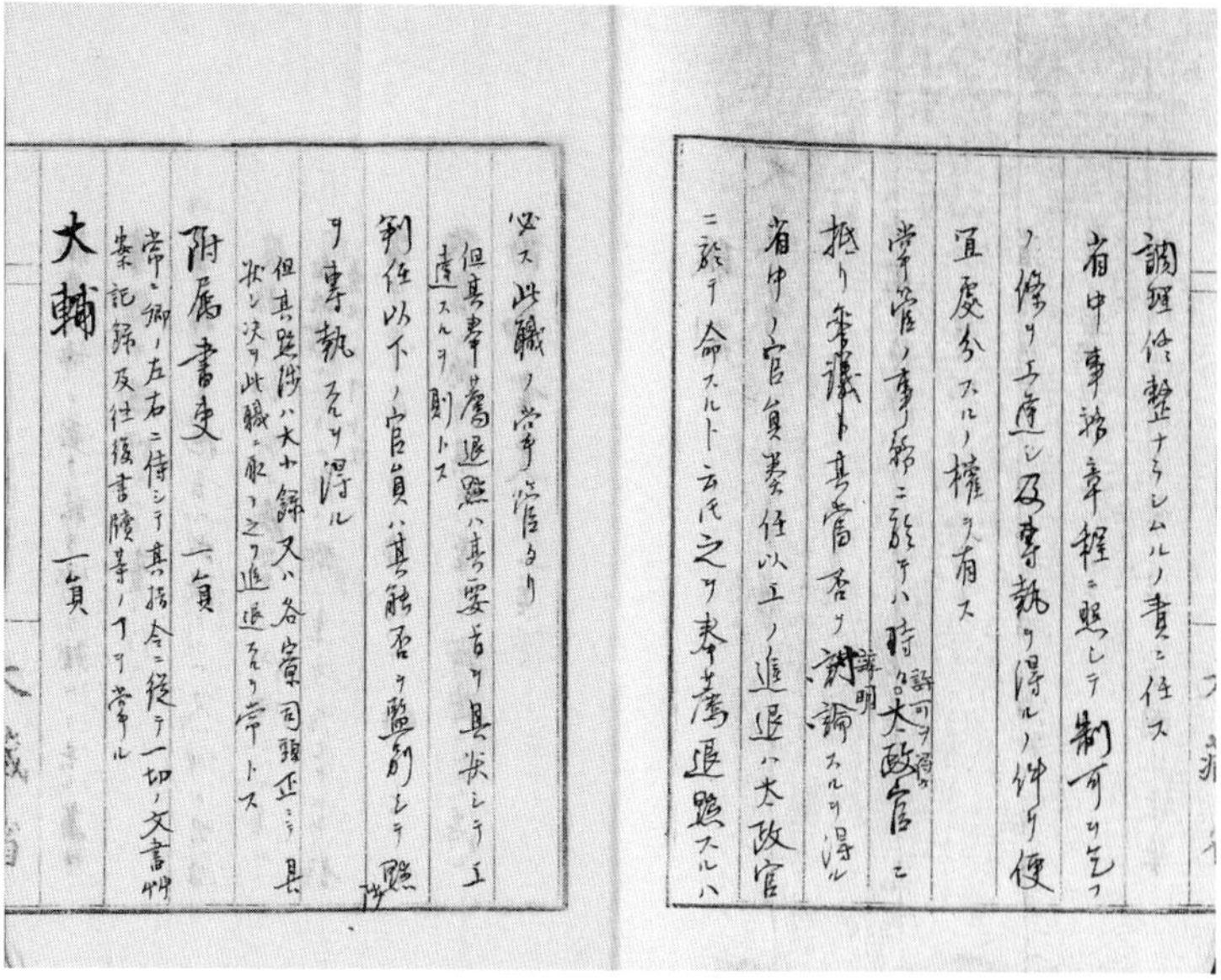
調理催整ナラシムルノ責ニ任ス
省中事務章程ニ照シテ制可ヲ乞フ
ノ條ヲ上達シ及専執ヲ得ルノ件ヲ便
宜處分スルノ權ヲ有ス
常管ノ事務ニ於テハ時ニ許可ヲ得太政官ニ
抵リ参議ト其當否ヲ討論スルヲ得ル
省中ノ官員奏任以上ノ進退ハ太政官
ニ於テ命スルト云氏之ヲ奉薦退黜スルハ
必ス此職ノ常管タリ
但其奉薦退黜ハ其要旨ヲ具状シテ上
達スルヲ則トス
判任以下ノ官員ハ其能否ヲ鑑別シテ黜陟
ヲ専執スルヲ得ル
但其黜陟ハ大小録又ハ各掌司頭正ニ具
状シ決ヲ此職ニ取テ之ヲ進退スルヲ常トス
附属書吏　一員
常ニ卿ノ左右ニ侍シテ其指令ニ從テ一切ノ文書草
案記録及往復書牘等ノ事ヲ掌ル
大輔　一員

大蔵省職制改定草案（1871（明治４）年，渋沢史料館蔵）

譲ら六人ばかりが夜の二～三時ごろまでの夜業を続け、三日ばかり缶詰め状態で事に当たったといいます。案文をこしらえては確認のため見てもらうということを繰り返し、大体これでよろしかろうとなり、やれやれという思いで発表に至ったようです。

以上、各省の職務担当など全ての職制と事務章程の作成について紹介しましたが、改正掛では、各官衙《かんが》（説明を加えて頂く）の造営についても、どのようなものにすべきについて着手していたことを付記しておきます。

改正掛の仕事自体が、大変密度濃いものであったことを先に述べましたが、ここで取り上げた案件についてもその精勤ぶりが見て取れます。このように近代国家を目指す精鋭たちの努力は、一つひとつ確実に結実させたのです

明治初年の一大事業――貨幣制度の改革

また、改正掛で取り扱った具体的な案件の内、貨幣制度の改革について見ていきたいと思います。

日本の幕政時代における貨幣制度はとても複雑でした。金・銀・銅貨それぞれ単位の呼び方も違えば、進法も換算も違いました。また、藩内だけ通用の貨幣などがあり、純度も違い、型も雑多だったので、日常生活上で多くの支障をきたしていました。それに加え、

わが国が初めて欧米諸国と通商貿易を開始して以降、各国間の金銀比価の相違は、当時の稚拙な経済界に至大の影響を及ぼし、海外貿易にも多大の弊害が生じていたのです。この状況に鑑み、明治政府は、貨幣制度の改革を明治初年の一大事業として捉えました。

明治政府は、一八六八（明治元）年四月、ついに画一純正なる貨幣を新鋳すべき議を決しました。造幣寮の設立に著手して新貨幣は十進法を用い、銀本位制とするか、金本位制とするかでは意見対立がありましたが、銀貨を以て本位貨幣となし、金貨は之を補助貨と定める銀本位制と一応決定するに至ったのです。

一方、伊藤博文はこれらの弊害を一掃するには、硬貨の鋳造法、紙幣および公債の発行計画、金融機関の設備などにおいて万全を期すべきと考えました。まず、新興国家にして財政、幣制の最も進歩する米国に赴き、その実況を視察研究することが緊要とし、建白書を上呈し、その趣旨を具申したのです。

この建白は、直ちに政府に認められました。一八七〇（明治三）年閏一〇月三日、伊藤は米国派遣を命ぜられ、伊藤以下、随員芳川賢吉（顕正）、福地源一郎、吉田二郎、木梨平之進ならびに東京、横浜、大阪の為替会社および海漕会社代表社員若干名の合計二一人と共に、米国に発ったのです。

同年一一月、大阪に造幣寮が建築され、精巧な器機を輸入して据え付け、トーマス・キンドル以下造幣技師も雇い入れ、金銀銅貨の鋳造を開始しようとした時に、伊藤が金貨本位採用の建議をなしたのでした。大蔵省の評議は、伊藤の建議と横浜のオリエンタルバンクの意見とを参酌して、当分金銀両本位となさんとしました。

しかし、伊藤は自説を固執して聴かず、折しも米国に滞在せる随員吉田二郎を帰国せしめて周旋の任に当たらしめるなどした結果、省議一変してその説を聞き入れ、金本位制に改変したのでした。その結果、翌年五月、わが国最初の統一的貨幣法規「新貨条例」が制定されたのです。

この条例によって、円・銭・厘の呼称や、各種貨幣の量目などが制定され、旧幕時代の大判・小判や丁銀などの改鋳が始まったのです。ちなみに、新貨条例による金本位制は、事実上金銀複本位制であり、これが本来の金本位制になったのは一八九七（明治三〇）年の貨幣法公布後でした。

栄一は、改正掛長として、伊藤博文の米国行きから、新貨条例と同時に公布された造幣規則の起草立案に関わるなど、貨幣制度改革に尽力したのでした。

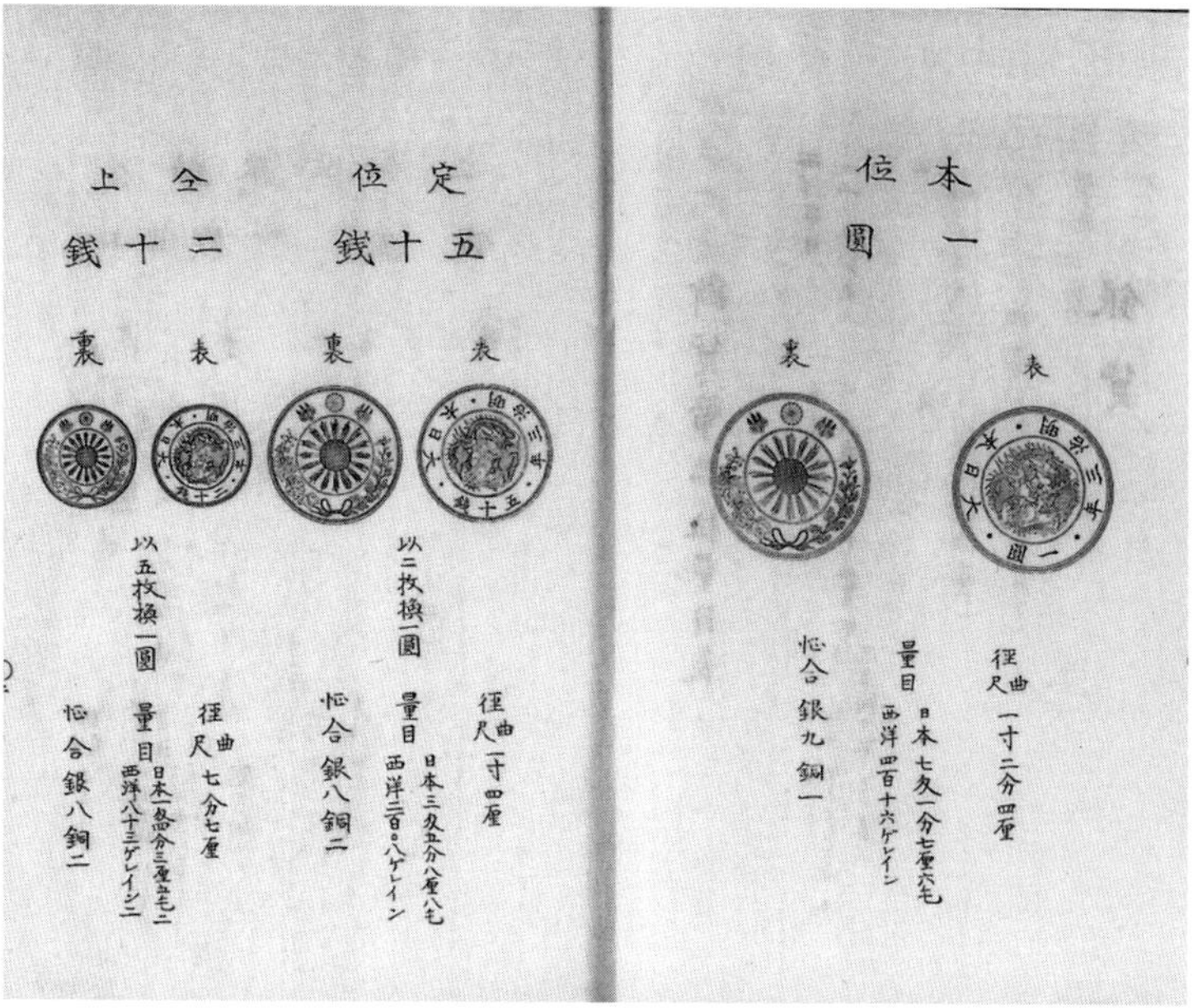
本位
一圓
表
裏
径 曲尺 一寸二分四厘
量目 日本 七匁一分七厘六毛 西洋 四百十六ゲレイン
性合 銀九銅一
定位
五十銭
表
裏
以二枚換一圓
径 曲尺 一寸四厘
量目 日本 三匁五分八厘八毛 西洋 二百〇八ゲレイン
性合 銀八銅二
全上
二十銭
表
裏
以五枚換一圓
径 曲尺 七分七厘
量目 日本 一匁四分三厘五毛二 西洋 八十三ゲレイン二
性合 銀八銅二

新貨条例（渋沢史料館蔵）

渋沢栄一こぼれ話（二）

オットセイも？栄一が関与した珍しい会社

渋沢栄一は、生涯で五〇〇もの会社に関係したといわれ、そのどれもが各業界の源流となったところです。統廃合を繰り返し、時代に応じて業態を変化させながら、進化・発展しつつ今日まで受け継がれている会社も少なくありません。

栄一が関与した会社の名前を聞くと、「あっ、あの会社」と誰もがすぐに思い浮かぶところが多いですが、中には、「なぜこのような会社に尽力したのか？」と不思議に思うところもあります。ここでは、そのような会社のうち、二つの例を紹介しながら、そこに関与した栄一の思いを探ってみます。

一つは、国産の藍の製造量を増やすために小笠原諸島で藍を生産し、その販売を行う製藍会社です。熱心な事業企画者の意を受け、一八八八（明治二一）年に設立を出願し、認可されています。それは、安価で使いやすいインド産の藍に押されて国産藍の需要が激減し、輸入品に保護関税を課す対策が講じられた状況下でのことでした。

しかし、干ばつや暴風雨などの困難に見舞われ、栄一のいつもの熱心さと忍耐をもってしても、結局は前途の見込みが立たず、一八九二（明治二五）年に解散となっています。

この藍の事業に関しては、その前後で、最終的には失敗に終わった五代友厚の製藍販売事業に協力したり、インド藍の直輸入が国利にかなうことを認め、輸入販売を営むよう青木商会の設立を賛助します。

もう一つは、一八九四（明治二七）年、青木孝という人物が企画し、栄一の援助のもとに設立された青木漁猟組です。もっぱら、北海道でオットセイやラッコなどの遠洋漁業に従事し、捕獲物の生皮輸出とオットセイのつくだ煮、水飴、丸薬などの滋養食品の製造販売を行うかたわら、外国からの密漁船の領海侵入を防ぐことも目的としていました。

これらの事例は、栄一が関与した会社の中でもあまり知られていないものです。しかし、栄一が伝統的に受け継がれてきた産業の維持・発展と併せ、外国との貿易で実を挙げることを望み、規模の大小に関係なく、日本の商業を発展させる事業を起業する精神を尊重したことが感じられます。

とはいえ、生家の家業であり、若くして自らも携わっていたからでしょうが、製藍事業に対する思い入れはあまりにも強すぎたのではと思います……。

最後に、会社の立ち上げに際しては、株式会社を強く勧めたとされる栄一ですが、小規模な個人事業については、合名会社や匿名組合などの組織形態を選んでいた、との指摘もあることをつけ加えておきます。

暴漢者への温情

一八九二（明治二五）年一二月一一日午後二時二〇分頃、栄一が伊達宗城（栄一が明治政府に出仕していた当時の大蔵卿）の病気見舞いに向かおうと、箱馬車に乗って出掛けた途中、車夫を装った暴漢たちに襲われました。

馬の前脚が斬り付けられましたが、栄一は右手の甲にかすり傷を負った程度で済みました。すぐに二名が捕えられたものの、他の者は逃げ去ってしまいました。

この二人は、いわゆる壮士（政治活動家）でした。当時騒がれていた東京市水道鉄管事件に関し、栄一が外国製の水道管の使用を主張していたのに対して、国内で製造し納入しようとしていた者たちが、あたかも栄一が外国商人からコミッションをもらっているかのように吹聴。「渋沢は売国奴だからやっつけろ」と二人を煽動して三〇円（現在の一一万四〇〇〇円ほど）を与えたといい、彼らは金をもらった手前、実行したようです。

東京市の水道は、一八九八（明治三一）年に完成しました。栄一は、東京市の公衆衛生を守るには早く水道設備を完成させなければならないと考え、水道調査会を組織。私費を投じて調査研究し、もし市に自前でやる意志がなければ、会社を組織して水道経営をやろうと思っていたほどでした。

当時の日本の工業では、水道管を国内で製造できる見込みは到底なく、無理に国内製を使用しようとすれば、完成がいつになるか分からないという状態でした。そのため栄一は、

『栄一遭難図絵』（渋沢史料館蔵）

最初は外国製を使い、漸次、わが国で開発できるようにしたらよい、と主張していたのです。

実は、この話には後日譚があります。捕われて謀殺未遂の罪で懲役一〇年に処せられた一人は、減刑で巣鴨監獄から放免された後、同県人の大垣丈夫という人物に引き取られていました。大垣氏は、彼が本来は義理深く、出獄後は何事も謹慎を旨としていることを気の毒に思い、広告取次業を営めるようにしようと奔走していたのです。

そのような中、栄一もその人となりを聞き、兜町の自邸にかつて自分を襲った暴漢を招き、面会しました。栄一は、「今後は軽率な行動を慎んで、職業に励むように」と諭し、一〇〇円（現在の三八万円ほど）を贈与します。諭された本人は感涙に暮れ、栄一の厚意に感謝して帰って行ったといいます。栄一の大らかな心が伝わる好話です。

第Ⅲ部　渋沢栄一をめぐる人とネットワーク

人に対するという心においては、初対面者も、五〇年の知己も、乃至家族も区別はないと思うから、如何なる人に接する際でも、あえて別け隔てをしない、墻壁《しょうへき》を設けない。しかして話すだけは充分に話し、聞くところも充分に聞き糺《ただ》して、相互の間に誤解のないように努めておる。すなわち、人の身分や階級に依《よ》って区別を立てず、いわゆる一視同仁の態度で人を見るのである。余がこの主義は、果たして現代の思潮と一致しておるや否やは解らないが、自分はどこまでもこの精神をもって、自己の生涯を貫徹するつもりでおる。
（『青淵百話・乾』九　公生涯と私生涯／人に接する心得）

如何に無口なところ、いわゆる交際下手な人でも、至誠をもって交われば、心は必ず相手に通ぜぬということはない。巧妙に饒舌《しゃべ》っても、心に至誠を欠いての談話なら、相手をして軽薄と感ぜしむるほか、なんらの効果もないのものである。ゆえに余は、交際の秘訣は誰一片の至誠に帰着するものであると言いたい。もし人に対した時、偽らず、飾らざる自己の衷情を流露し、対座の瞬間において、まったく心を打ち込んでしまうことができるならば、それは一〇〇の交際術、一〇〇〇の社交法を用いたよりも、遥《はる》かに超絶した交際の結果を収得することができようと思う。（『青淵百話・乾』六〇　交際の心得／真の交際法）

第五章　ユニークなゆかりの人物たち

学問の師――尾高惇忠

本章では、渋沢栄一に影響を与えた人や、共に力を携えて事業に当たった人など、栄一にゆかりのある人物を紹介し、彼への理解をより深めていただきたいと思います。

はじめに、人間形成期といわれる、幼少期から青年期にかけて、栄一に多大な影響を与えた人物、一〇歳違いの従兄であり、義兄となる尾高惇忠を紹介しましょう。

栄一は、五歳ごろより父親から『大学』『中庸』に始まり『論語』を授けられたといっています。しかし、一年ほどたったところで、漢学の素養に秀でた尾高から読書を授けられるようになります。

尾高の読書法は、一風変わっていました。第一章でも少し紹介しましたが、当時、素読をして解釈を加え、一字一句暗記させていくことが主流だった中、尾高は、興味関心のある文献については内容を問わずに、まず読むことからさせました。できるだけ多くの書物にふれさせたのです。

その後、尾高は、栄一などと共に、幕政を批判し、攘夷《じょうい》の意を表すための高崎城乗っ取りや、横浜外国人居留地の焼き討ち計画を立てた際の参謀役のほか、栄一が渡欧中、上野彰義隊の憲法ともいうべき誓約書を起草し、同隊ならびにその後分派した振武軍の参謀長も務めました。

維新後は、一時、静岡県の勧業属吏となった後、大蔵省に出仕し、とりわけ、富岡製糸場の設立に向けて奮闘。そして初代場長として、その経営に大いに尽力しました。さらに、応募者がまったく来なかった工女の募集に対して、長女・ゆうを工女伝習第一号とし、その道の打開を図りました。

場長を辞した後は、東京養育院幹事として事務を担ったり、蚕種《さんしゅ》組合会の議長を務めたりと諸事業にかかわった後、第一国立銀行に入行。盛岡や仙台の各支店の支配人として、地域の振興にも尽力しました。

尾高惇忠（渋沢史料館蔵）

栄一の学問の師でありましたが、栄一の初期の事績を陰ながら支えた人物でもありました。

見出し、見守り続けた恩人――徳川慶喜

幕末期、官尊民卑の打破や攘夷《じょうい》の意を示そうと企てた暴挙を中止し、逆に、体制の中で生き残りながら世の中を改めていこうと考えるに至った栄一に、生きる道筋を最初に与えたのが一橋家でした。その当主慶喜こそが、後に一五代将軍となる人物です。

栄一の優れた才能に目を付け、仕官の道に導いたのは、一橋家の重臣たちでした。栄一は、その期待を裏切ることなく才能を遺憾なく発揮。一橋家の軍備拡張政策や財政政策に大きな成果を上げ、やがて重きを置かれるようになります。

そして、それは慶喜が将軍職に就く際には、いさめる言葉を発するほどとなっていました。

第三章でも述べましたが、一八六七（慶応三）年、栄一はパリで開催された万国博覧会に参加するための使節団に、庶務・会計係として加わるように命じられます。この栄一の推薦は慶喜自身が行ったようですが、これは単に栄一の庶務・会計能力を慶喜が買っていたからだけの理由ではありませんでした。

実は、将軍慶喜の名代として実の弟昭武を立てた使節団は、幕臣と共に水戸藩からも加わることになっていました。しかし、両者の折り合いがうまくいかないことが予想されたため、その融和を図ることができる人物として、栄一を推挙したようです。慶喜が、栄一の人間的な部分にまで一目置いていたことが分かります。

また、渡欧中だった栄一は、慶喜が大政を奉還した後に取った行動などに納得がいかず、パリから何度も手紙を送り意見しています。さらに帰国後、静岡で謹慎蟄居の身だった慶喜を訪ね、彼の取った行動の真意を確認しようとします。しかし慶喜は一言も口にしませんでした。

徳川慶喜（国立国会図書館蔵）

その後、栄一は水戸へ行こうと考えますが、慶喜に静岡に留まるよう言われます。これは「水戸の人々は、栄一を良くは思わず、決して本人のためにならぬ」という配慮からでした。ここからも常に栄一を見守り続けた慶喜の姿が読み取れます。

慶喜は大政を奉還し、明治の新しい世に移行する際、逆賊の汚名を着せられるようなこともありましたが、あえて恭順の意を貫き、自らの思いを語ることはなかったのです。個を守るより、平和裏に新しい世への移行をおもんばかった慶喜の、この公の精神こそが栄一に大きな影響を与えたように思えます。

官途への導き――大隈重信

民間で「新しい国づくりに尽くしたい」と思っていた栄一でしたが、人生の一時、明治政府の官僚として過ごします。本意でない栄一を、その官途に導いた人物こそ大隈重信でした。

第四章で紹介しましたが、最初に二人が出会うのは、一八六九（明治二）年一一月一八日、租税正《そぜいのかみ》に任命された栄一が、辞任の意を告げに築地の大隈邸を訪れたときです。

栄一は、当時の大蔵省では自分は役に立たないことや、民間で事業を起こしたいと実業界に入る強い決心をしたこと、さらに政府への出仕はちっ居状態にある旧主・徳川慶喜に対して心苦しい旨を伝えました。

それに対し大隈は、まさにこれから新たに政府を造り、財政を行っていくのであり、慶喜公への人情は理解できるが、王政復古を慶喜公も満足したのだから、今回の任命を喜ぶべきであると話しました。そして、知らぬ同志が集まり仕事をしていくのだから、大きく言えば、高天原に八百万《やおよろず》の神が集うのと同じようなものであると説得したのです。

そこで栄一は、自らが政府に残る条件として、改正掛の設置を大隈に承諾させました。二人の絡みで進めた改正掛の事業としては、租税の改正をはじめ、鉄道敷設に対する外国からの借金問題、近代的銀行制度の立ち上げ、養蚕・製糸業の改善計画などが挙げられ

大隈重信（国立国会図書館蔵）

ます。

また、大隈が大蔵省を離れ、栄一が官を辞してからも、二人は官・民それぞれの立場で国の政策について意見を交換し、協力し合っていきます。

例えば、中国の発展を期しての貸し付けや物資輸送、そして朝鮮における鉄道敷設などです。そのほかにも大隈は、自らが創立した早稲田大学の基金管理委員長や大学維持員に栄一を任じ、将来の大学経営を託します。

二人の交遊は、出会いから五十余年続きました。栄一は、きちんと取りまとめて仕上げたということが多くない大隈について、『穴のあいだ大風呂敷』と言われることもないではないが、常に新しい計画を持ち、何事も第一等を重んじ、全てを発展せしめて国家公共の一念を貫き通した大人物」といった評価をしています。

大隈による官途への導きは、栄一にとって新しい国づくりの実現化に向けての貴重な体験となりました。

銀行業を指導――アレキサンダー・アラン・シャンド

栄一は、大蔵省などの役人をしていた時期、新銀行の制度や組織の基礎を固めることに力を注いでいました。

当時は帳簿の付け方も分からず、預金の取り扱いや割引手形の制度に至っては、手に負えない状態でした。そこで、このようなことでは困る、と銀行実務に精通した外国人を雇うこととなり、一八七二（明治五）年に招聘《しょうへい》されたのが、英国人のアレキサンダー・アラン・シャンドでした。

シャンドは、栄一が第一国立銀行の経営に携わるようになってからも、簿記をはじめ、貸借対照表や決算報告書の作り方、また為替や割引などの実務について、若い行員に指導していました。

さらに、簿記の普及に資するため『銀行簿記精法』を著していますが、それには銀行業

アレキサンダー・アラン・シャンド
（渋沢史料館蔵）

者に対する訓解がありました。例えば、①丁寧にして然《しか》も遅滞なく事務を執ること、②政治の有様《ありよう》を詳細に知って然も政治には立ち入るべからず、③貸し付けを謝絶しても相手方をして憤激せしめざる親切と雅量とを持つべし、といったものです。

また、シャンドの銀行検査は、実に厳格であったといわれています。その代表的な一例が、シャンドの忠告により、第一国立銀行の上海支店設置計画が中止になったことです。

一八七六（明治九）年に中国奥地で飢饉《ききん》があり、日本へ借金を申し込んできました。その時、大隈重信から「金は政府が融通するから、名義だけ第一国立銀行が債権者になってくれぬか」と栄一に相談がありました。しかし、結局、実行には至らなかったのです。

栄一はこの時、海外発展の必要性を考え、計画を進めようとしました。しかし、シャンドが「第一国立銀行は普通銀行であって内地の金融に力を尽くすことを本分とする。今、為替の取り扱いを目的とする海外支店を上海に置くことは止めねばならぬ」と強く反対を唱えました。

もし、第一国立銀行が上海に支店を開き、変動の激しい海外為替の取り扱いを行っていたならば、あるいは、今日のような銀行の発展はなかったかもしれません。

シャンドは、一八七八（明治一二）年に帰国し、それ以降、再来日することはありませんでしたが、栄一は五〇年に渡る交流を、とても大切にしていました。

合本主義を強く意識――岩崎弥太郎

栄一とよく対比して紹介される実業家の一人に、岩崎弥太郎がいます。栄一が「余は岩崎弥太郎とは、昵懇《じっこん》なりしも、それは私交上のみ、主義の上には意見の背馳《はいち》するところ多かりき」というように、それぞれの実業界における主義・主張の違いが取りざたされるのです。

栄一は、商工業は合本組織によって広く資本を公募し、これを集めて事業を行うことが

岩崎弥太郎（国立国会図書館蔵）

公益になると確信し、常にこの主義によって商工業者を指導し、自らもこれによって事業を創始・経営したのに対し、岩崎は、個人組織による専制主義を主張しました。また、栄一に「二人でやれば日本の実業の事は何事でもやれる」と共同を申し込んできたともいわれています。

栄一が語る、次のようなエピソードがあります。あるとき、岩崎が栄一を向島の酒楼・柏屋に招き、芸者も一五人ほど呼んで宴席を設けたことがありました。その席で、岩崎は個人経営の利益を述べ、合本組織なるものが事業を発展させるものではないことを説いて、栄一に同意させようとしました。

しかし、栄一は資本を合同して事をなすことが、国利民福を進めるゆえんであることを、幾つかの例を挙げながら激しく主張。お互い屈せず、果ては決着がつかないので、栄一が芸者を連れて引き上げた、というものです。

ただ、栄一が言うのには、そのとき険悪になったのではなく、双方考えが違うので、おのおの長ずるところでやっていこうという程度であったようです。

その主義の違いが顕著な形で表れたのが、岩崎の強引な手法による、郵便汽船三菱会社の海運市場独占に対抗して、栄一らが設立した共同運輸会社による両者の熾烈《しれつ》な競争でした。ただ、その一方で、日本初の損害保険会社・東京海上保険会社の設立のように、時として協力し合うこともありました。

共に企業の発展を思い、お互いを認め合っているのですが、企業活動を進めていく上で、相いれられないものがあったのです。あくまでも独占を嫌い、合本主義を貫こうとした栄一にとって、岩崎弥太郎との対峙《たいじ》は、実業界における自らの信念をより強く意識する出来事になったのではないかと思われます。

社会福祉事業の拠点をともに築く――安達憲忠

栄一は、後に「社会福祉事業との出合いは、偶然であった」と言っていますが、新しい国づくりを志す中で、同事業には強い思いを持っていました。その最初の拠点となる「東京養育院」で、初期段階から栄一とともに力を携えて事業展開に尽力した人物に安達憲忠がいます。

安達は、それまで自由民権運動家として活動していましたが、一八八七（明治二〇）年以降、東京府庁に勤務するようになります。そして、そこで東京市参事会員から「養育院の幹事に欠員があるので行く気はないか」と声を掛けられ、即応します。早速、養育院長でもある栄一の面談を受け、応募した真意を確かめられたのと同時に、栄一から「誠心誠意」で従事することの大切さを教えられました。

安達は、一八九一（明治二四）年四月に養育院幹事の辞令を受け、以後二九年間、栄一の下で彼を助け、不在の折には、その代理を務める重要な役割で、事実上の院運営担当者・幹事として勤めることになります。

養育院での安達は、まず、児童の教育・養育方法の改善に着手します。また、社会における窮児悪化の状況を調査し、後に「感化部」と呼ばれる青少年の更生保護を担う部署の設置につなげるなど、院事業の充実に努めていきます。

さらに、資金面での問題から先送りされていた院の移転を実現。規模を拡充させながら、大塚、そして板橋本院へと移転させました。加えて、当時、結核患者が多かったことから、その予防・隔離法を学んだ上で千葉の安房分院を設置。そこでは、世界初といわれる「林

安達憲忠（渋沢史料館蔵）

間教授」（空気の良い場所での野外授業）を現実化させました。

ところで、栄一と安達は正確だけでなく容貌もよく似ていたそうです。養育院の職員は、栄一を「金持ちの渋沢」、安達を「貧乏の渋沢」と言い、さらに安達に「渋沢さんとほんとの親子ではないのですか」と聞いたといわれています。

こうして栄一とともに熱心に事業に取り組んでいた安達でしたが、一九一八（大正七）年、養育院に不正があると取り沙汰される事件が起こります。結局は無罪だったのですが、翌年、安達は責任を取って辞職した。栄一に「今辞められては困る。君が辞めるときは自分も辞める。その時まで辛抱してくれ」と何度も説得されたといいます。ここからも両者の相互理解が人並み外れて深かったことがうかがえます。

子供たちに世界の平和を託す——シドニー・ルイス・ギューリック

栄一は、米国における日本人移民の排斥運動の深刻化に憂慮し、問題解決に向けてさまざまな努力をしました。その融和運動の一つに、日米人形交流が挙げられます。この事業を企画し、栄一に協力を求めてきた人が、シドニー・ルイス・ギューリックでした。

ギューリックは、長い間日本に滞在していたことから、栄一とは以前から懇意な間柄で、早くから日米問題について憂慮し、ニューヨークの米日関係委員会の成立に当たっても大

ワシントンに於ける日本からの答礼人形歓迎会（後列・左から２人目がシドニー・ルイス・ギューリック）（1927（昭和２）年12月27日，渋沢史料館蔵）

いに努力した人物でした。排日移民の問題はなかなか決着せず、ギューリックと栄一は、ともに心配していたのです。

そんな中、ギューリックは「日米の親善は気長にやらなければならない。そのためには未来の国民たる子供たちがお互いを知り、親しむことが必要である。そこで、日本のひなの節句に合わせて米国から人形を贈れば、相当な効果を得ることができるのではないだろうか」と思いつき、栄一に相談します。

すると、栄一は「米日両国においては富の程度に差があるので、贈物に相当した礼ができない。厚意は誠にありがたいが、この点を考えると難しい」と伝えます。しかし、ギューリックは「返礼の心配は無用にしていただきたい。ぜひ、ひな祭り当日に間に合うように送るから、そちらで分配の世話をしていただきたい」と返信します。そして結局は、三月三日に日本青年館で授受の式を催し、米国の厚意に一つの敬意を表したのです。

関税については、ギューリックから駐米大使へ申し出て、外務省を通じて大蔵省と折衝した上で無税となりました。

栄一は、政府側の要望や最初に相談を受けた関係から、世話人の一人となり尽力したほか、日本国際児童親善会を組織して実際の世話に当たりました。そして、外務省が人形を受け取り、文部省が各学校への配布を受け持つことになりました。

強い協力関係にある二人でしたが、栄一は「世界の平和を希望する点においては、ギューリックに譲らぬつもりでおります」というような気持ちものぞかせていました。

女子教育への理解——成瀬仁蔵

栄一の事績の大きな柱の一つに、女子教育への支援があります。その代表的な実践として、一九〇一（明治三四）年に創設され、自身が亡くなる半年前に校長にも就任する「日本女子大学校」が挙げられます。同校の創設に当たって栄一に協力を求めてきたのと同時に、栄一を女子教育の良き理解者へと導いた人物こそが成瀬仁蔵でした。

栄一が成瀬と交友を持つようになったのは一八九七（明治二九）年だといわれますが、当初、栄一は成瀬を随分とっぴな人だ、と感じたようです。

成瀬はしきりに女子大学の創設を主張しました。しかし、栄一は当時、女子高等教育の価値について疑問を持っており、そこまでは考えていませんでした。そのころ関わっていた女子教育奨励会・東京女学館で運営の困難さも経験していたことから、学校経営などにも不安を抱き、躊躇《ちゅうちょ》していたのです。

しかし、女子教育の不振は少なからず憂慮していたことだったので、成瀬の説に感服して力を添えようと決心するに至りました。その後、実業家・森村市左衛門など、他の実業家も次第に協力するようになり、初めは維持費の支出、基盤整備、そして女子大学の総合大学化に尽力することになったのです。

当初、栄一は「東京女学館を成瀬君に託して振興させよう」と思い、実際に進めてもみました。しかし、当時、女学館長を務めていた外山正一と成瀬の意見が合わず、結局、成瀬は独立して女子大学を創設することにしました。

成瀬の没後、栄一は、「最も進歩しているといわれる欧米ですらも女子大学に疑心を持っていた時代、ましては日本の旧思想の中で、率先してこの企てを成し遂げた成瀬君の功績は、実に見上げたものだ。そして今、成瀬君の主義主張は立派に人々の肯定するところとなった」と述べています。

成瀬仁蔵（国立国会図書館蔵）

栄一のような有力者ですら、女子教育の価値を疑っていたときに、成瀬の熱烈な実行力は日本人最大の弱点を救ったものでした。そして、当時も実行力が弱いと評価されていた日本婦人に対し、この方面の助長発達を施した成瀬は、日本にとっての大功労者ともいえるでしょう。

「渋沢栄一」を継承——渋沢敬三

栄一は、この世に多くの足跡を残しましたが、男爵から子爵となった渋沢子爵家自体は、嫡孫の渋沢敬三に継承させました。

敬三は、仙台の第二高等学校に進学する際、生物学者になることを夢見て、本当は農科を志望していました。しかし、結局は英法科に進んでいます。

この進路変更は栄一の懇願によるもので、一九歳の敬三に対して、七五歳の栄一が「お頼みする」と言って、羽織はかまの正装で銀行業務についてもらいたい旨を願ったそうです。その姿に、敬三も不意に涙が出て困ったと言っています。

後年、敬三は「あのときは、悲しくてしょうがなかった。命令されたり、動物学はいかんと言われたりしたら反発していたかもしれないが、あれだけの仕事をした人に、ただ頭を下げて頼まれると、どうにもこうにも抵抗のしようがなかった」と述べています。

渋沢栄一（右）と渋沢敬三（左）（渋沢史料館蔵）

敬三は、東京帝国大学経済学部に進学し、卒業後は栄一と同じ銀行家の道を歩みます。横浜正金銀行を経て第一銀行（現在の三菱ＵＦＪ銀行）に入り、一九四一（昭和一六）年に副頭取に就任しました。日米開戦直後には、日本銀行の副総裁に推され、一九四四（昭和一九）年に総裁となり、さらに終戦後の幣原喜重郎内閣では大蔵大臣を務めて、新円切り替えや財産税導入など経済的混乱の収拾に当たっています。

その後は、国際電信電話株式会社初代社長、日本経営者団体連合会常務理事を務めたほか、金融制度調査会会長、国際商業会議所日本国内委員会会長を歴任。さらに、外務省顧問・移動大使として中南米諸国を歴訪しています。

一方、学問の道を捨てきれず、大学卒業後に友人たちとともに「アチック・ミューゼアム」（後の「日本常民文化研究所」）を結成して、民具や漁民資料などを収集・調査・研究し、多くの出版物を発行。学術界に多大な財政的支援などを行いました。

栄一が生きた時代とは異なるため、果たした役割の違いはありますが、尊敬していた祖父の遺志を立派に受け継いでいます。また、学問分野における志向性を具現化させる形で、栄一の事績を今日にきちんと継承させています。

第六章　書簡にみる幅広い交流（一）——幕臣から官員任命まで

旧主への恩義と礼――徳川昭武

本章では、渋沢史料館にて所蔵する渋沢栄一に宛てられた書簡に注目し、それぞれの内容に沿いながら、差出人と栄一との関係を紹介するところから、栄一を取り巻く人的ネットワークの一端をご紹介したいと思います。

栄一は、九一年の生涯における活動同様、その交友関係も幅広く、驚くほど多彩な顔ぶれです。これらの人々は、栄一に多くの書簡を寄せていますが、経済的な援助のほか、さまざまな依頼や、事業に関わる重要な相談からちょっとした連絡まで内容は多岐にわたり、栄一の豊かな活動状況および諸分野における影響力の大きさもうかがわせています。さて、最初は、徳川昭武からの書簡に目を向けてみましょう。

第三章で少しふれましたが、徳川昭武（一八五三～一九一〇年）は、水戸九代藩主徳川斉昭の一八男で、最後の将軍徳川慶喜の実弟に当たります。一八六七（慶応三）年、数え一四歳のときに慶喜の名代としてパリ万博に派遣され、各国の国王・皇帝らと交わり、万博の主要行事終了後、さらにヨーロッパ五か国を歴訪。まさに国際交流の先駆者としての役割を果たしたのです。引き続きパリでの留学生活を送っていましたが、維新政府の命により中断して帰国し、最後の水戸藩主となっています。

一八七〇（明治三）年、北海道天塩五郡の開拓を始めましたが、翌年廃藩置県により北海道開拓使に移管されました。一八七四（明治七）年に陸軍少尉となり、陸軍戸山学校に勤務。一八七六（明治九）年には、アメリカ大博覧会御用掛を命ぜられ、フィラデルフィアに派遣されたのを機に軍籍を離れます。翌年には、パリ再留学が許され、エコール＝モンジュに学び、一八八一（明治一四）年に帰国。同年末、従三位《じゅさんみ》麝香間《じゃこうのま》祗候《しこう》を仰せつけられ、以後長年にわたり明治天皇に奉仕しました。

一八八三（明治一六）年に家督を養子の篤敬に譲り、翌年以降、千葉県松戸にて隠居生活を送りました。晩年、茨木県多賀郡大能村・久慈郡の天竜院（現在の茨木県高萩市大能

徳川昭武（松戸市戸定歴史館蔵）

地区や常陸太田市天竜院地区）に牧場を開いたり、さらに植林事業を興したりする一方、狩猟、写真撮影、自転車、製陶などの多彩な趣味に興じていました。

昭武と栄一の関係は、パリ万博に昭武が派遣された際、その随行の一人に栄一が任命されたときに始まります。約二年の滞欧生活中、栄一は常に昭武の側に仕えながら、自身も多くのことを学び、後の事績につながる基を築いたのです。

ここに紹介する書簡は、一八七四（明治七）年九月二七日付の「粛啓、拙事去ル廿五日陸軍少尉任官仕候、右御吹聴得貴意如此候也」と記された短信です。昭武が九月二五日に陸軍少尉に任官されたことを二日後には、以前仕えていた栄一にも報告したということで、二人の親密度が読み取れます。

栄一も、折に触れて茶会を催したり、牡丹を観賞する宴を開いたりしていますが、その際には、昭武もよく招いていました。栄一としては、あくまでも旧主に対する恩義を思い、礼を尽くしたのでした。

大勢に明るく、手腕あり――勝海舟

「一〇月日」と日付が記された勝安芳（海舟）からの書簡を紹介したいと思います。

時候のあいさつに始まり、兼ねて総理大臣より内々で話がいっていると思う将軍家霊廟の保存を図る「酬恩義会」設立に向けていよいよ本格的に動き出し、規則書五〇部を差し出すので、今後の世話を栄一に対して乞うたものです。年記載はありませんが、総理大臣の存在、「酬恩義会」設立年からして一八八六（明治一九）年のものと思われます。

勝海舟（一八二三～一八九九年）は、幕末・明治初期の政治家。通称麟太郎、海舟は号です。書簡の署名にある「勝安芳」は、安房守であったのを明治になり安芳と変えて字名としたものです。旗本小普請の勝惟寅（小吉）と惟寅が養子に入った勝元良の娘のぶの長男として、江戸本所亀沢町（現在の東京都墨田区亀沢）の惟寅の実家男谷《おたに》邸に生まれ、一八三八（天保九）年に家督を相続しました。剣術修行に励む一方、一八四五（弘化二）年

勝海舟（国立国会図書館蔵）

ごろから蘭学者永井青崖に師事し、一八五〇（嘉永三）年、赤坂田町中通に蘭学塾「氷解塾」を開きました。

ペリー来航に際して幕府に独自の海防論を提出。一八五五（安政二）年に目付海防掛の大久保忠寛の推挙により異国応接掛手附蘭書翻訳御用となり、その後、講武所砲術師範役、軍艦操練所教授方頭取を歴任します。そして、一八六〇（安政七）年には日米修好通商条約批准使節に随行、咸臨丸の艦長として太平洋横断。帰国後も蕃書調所頭取助・軍艦操練所頭取や軍艦奉行など重要な役割を担っています。

一八六八（慶応四）年三月、西郷隆盛との会見にて徳川家の存続と徳川慶喜の助命、無血開城を実現に導くなど力を尽くしました。新政府から参議兼海軍卿など高官に任ぜられますが、一八七五（明治八）年一一月に元老院議官を辞し、その後は、表には出ませんでしたが、政界の相談役として重要な役割を担ったり、徳川家の当主家達や隠居の慶喜、さらに旧幕臣たちの面倒をみたりしました。一八八八（明治二一）年四月には枢密顧問官を務めています。

栄一と勝との出会いは、栄一が欧州から帰国した時、神田小川町の静岡藩の出張所でのことでした。栄一はこの時の印象から、勝という人は大勢に明るい人で、手腕のある人と思ったようです。

栄一は、勝についてあまり知りませんでしたが、江戸城で西郷と会見し、維新期の混乱収拾に力を尽くしたことなどで感心していました。勝が維新期の混乱期に「今少し親切に緻密に考えてくれたならと希望される点もないではない」とも思っていたようですが、「日本の帝都をして惨禍から救ったことは、実に大手柄であって、世に大きな功績を残した人に違いない」と言い切れる人物でした。

近代政策を熱く議論――伊藤博文

伊藤博文（一八四一～一九〇九年）は、明治時代の政治家で、初代の内閣総理大臣です。

伊藤博文（国立国会図書館蔵）

周防国の農家に生まれましたが、父が萩藩の伊藤直右衛門の養子となったので、伊藤姓を名乗るようになりました。その後、松下村塾に学び、木戸孝允、久坂玄瑞らに従って東上し、国事に奔走しました。

一八六三（文久三）年、脱藩し、ロンドンに留学しましたが半年で帰国。馬関戦争、禁門の変などの処理に当たりました。一八六八（明治元）年、明治政府に出仕し、一八七〇（明治三）年に遣欧副使、一八七三（明治六）年に参議、大久保利通の死後には内務卿に就任。

一八八二（明治一五）年、憲法制度調査のため洋行した後、一八八五（明治一八）年以降四度、内閣を組織し、一九〇〇（明治三三）年には立憲政友会総裁となりました。一九〇五（明治三八）年、日露講和後、韓国統監を務めましたが、一九〇九（明治四二）年、満州巡遊中にハルビンで暗殺されました。

栄一と伊藤は、一八六九（明治二）年に大蔵省で初めて出会いました。伊藤はその頃から西洋化を考えていたのに対して、栄一は漢学的で何事にも西洋の科学をそのまま鵜呑みにするのは悪いと幾分、説を異にしていましたので、伊藤から「君は古い」と言われていました。

一八七〇（明治三）年になって、アメリカの経済事情を視察するため、海外派遣についての上申書を栄一が書き、同年秋に伊藤が渡米することになりました。視察は一年足らずでしたが、研究目的として調べてきた重要な内容は次の四つです。
まず、国立銀行を興し、紙幣を発行することで太政官札を兌換するために、アメリカのナショナル・バンクの制度を調べることでした。次は公債証書発行法、そして、本位貨幣を金にするか銀にするか、金銀両本位とするかが問題だった貨幣制度。最後に大蔵省の仕組みを調査しました。

このアメリカでの調査を基に国立銀行条例が制定されたのが一八七二（明治五）年一一月でしたが、当時大蔵省で栄一はよく伊藤と討論しています。伊藤の国立銀行制度説に対して、吉田清成が英国式の中央銀行制度を唱えましたが、この時、栄一は両者を比べ伊藤説を推しました。

このほかにも、さまざまな政策について、深く議論していました。栄一は、そんな関係にあった伊藤の人物評を以下のように述べています。「大変愉快な人で、大きな考えを持ち、日本の制度は俺のものだというような考えで、自分で立案し、経営していくといった気質の人でした。財界において自分を一思案ある者だと見てくれていました」。

ここに紹介する書簡は、記載年未詳五月九日付の「拝啓、扨至急拝晤を得度儀御坐候ニ付、乍御煩労明十日午前九時頃迄ニ、永田町へ御枉駕被下度、此段不取肯懇願試候」と記された短信です。またもや、何かしら政策についての相談でしょうか。面談を求めていますす。二人の親密度・信頼度が読み取れます。

進退を共に——井上馨

井上馨（一八三五〜一九一五年）は、明治・大正時代の政治家です。萩藩の地侍である井上光亨の次男として生まれました。藩校明倫館、そして江戸で蘭学や江川太郎左衛門塾で砲術を学んだ後、長州藩主の毛利氏に仕え、尊皇攘夷派藩士として活躍しました。

一八六三（文久三）年には藩主の内命により伊藤博文たちとともに渡英しましたが、萩藩の攘夷決行を聞き、滞留半年にして帰国しています。明治政府成立後は、新政府の参与をはじめ、幾度か官職は変わりましたが、常に政府内部の高官として施政を行い、特に外交、財政の両面に尽くした功績は大きいものでした。条約改正交渉にあたり、欧化政策を進め、いわゆる鹿鳴館時代を現出させたりしたこともよく知られるところです。また、財界においても大きな貢献を示しました。

一八六九（明治二）年、栄一が明治政府に出仕したときに上司の井上と出会います。二人の交流は、先に紹介した大隈重信や伊藤博文より多くの接触があったといいます。栄一が改正掛長として近代国家としての官制改革に当たった際も、この二人の協力により改革が実施されました。

一八七三（明治六）年、政府内部の意見対立があり、栄一は井上とともに意見書と辞表を提出しました。栄一と井上は財政政策については常に意見が一致し、最後まで信じ合っていたようです。ちなみに、内密にすべき意見書を井上が『曙新聞』に発表したため、二人とも罰金を取られています。

栄一は、井上のことを「ずんずん実行する人で、学問的でなく、かなり粗雑なきらいはあったが、何事にも通じていて、実務に長けた人」と評しています。また、気が短くすぐに大声で人を叱りつけたので、大蔵省内で井上のことを「雷」と呼び、栄一を「避雷針」と言ったことも折に触れて紹介しています。

栄一も怒鳴りつけられたことはあったようですが、あまり他の人のように怒りもせず、

井上馨（国立国会図書館蔵）

終わりまで何事も相談づくでしたので、「雷」の井上が怒鳴りだすと「渋沢君に頼む」ということで避雷針代わりにされていたという話が残っています。

紹介する書簡は、年未詳九月二七日付のもので、栄一が認めた三条実美宛書状への添書を受け取った旨の報告と、伊藤博文からのミーティング呼び掛けに対し、翌朝、芳川顕正と赴くに当たり、栄一にも同行を求める内容です。伊藤からの呼び掛けで、井上、芳川、栄一のミーティングとなると、そのときの書簡とは断定できませんが、第四次伊藤内閣の後、井上が組閣の大命を受け、内務大臣を芳川、大蔵大臣を栄一にと目論んでいたのですが、栄一が拒んだこともあり、結局、井上内閣は実現しなかったというエピソードへと思いをめぐらせてしまいます。

栄一は、井上と明治政府連袂《れんべい》辞職、つまり進退を共にしましたが、その後の二人の親交は変わらず、栄一のあるところ井上あり、まさに形影伴う仲でした。

嫌い、嫌われた上司――大久保利通

一八七一（明治四）年八月三日付と類推される大久保利通からの書簡に目を向けてみましょう。

栄一が掛長を務めた改正掛で大蔵省の組織案としてまとめた「職制」および、設けられた各部署内で執るべき事務内容をまとめた「事務章程」が承認され、大蔵省内で回覧・確認中である旨の伝達と同時に、参議・大隈重信へも同文書を差し出しておくように伝えています。　併せて、別添の井上馨書中にある事項については、確認したところ、間違いであろう旨が述べてある内容でした。最後に「至急」と記されていることから、急ぎ伝えたかった事柄であることがわかります。

大久保利通（一八三〇～一八七八年）は、明治維新の指導的な政治家です。薩摩藩士・大久保次右衛門利世の長男として生まれます。ちなみに、三歳年上の西郷隆盛とは同じ村で育ちました。一七歳にして初めて藩の記録所に勤め、二七歳で西郷とともに徒歩目付《かちめつけ》と

大久保利通（国立国会図書館蔵）

なりました。

二九歳の時、藩主・島津斉彬の死に遭い、不利な立場に陥ります。斉彬の弟である久光に勤皇の大義を説いて藩の廓清《かくせい》に努めさせ、自分も藩の重要な政務に参ずるようになりました。それからは藩を挙げての勤皇の推進者となり、薩英和議の成立、盟友西郷の召喚、薩長連合など幕末の多事に関与し、幾多の困難を排しながらその時々の重要な務めを果たしました。

維新の大業が成ると参議に任じられ、一八七一（明治四）年六月には、大蔵卿となり、主要業務を大蔵省に吸収し、内政を一手に握るようになりました。以後一八七八（明治一一）年五月、凶刃に斃《たお》れるまでひたすら近代日本の建設に尽力するのです。

栄一と大久保の関係は、個人的な交際はなく、栄一の大蔵省在官時代に限られます。大蔵卿としての大久保と、大蔵大丞から大蔵少輔事務取扱であった栄一という上司と下僚の関係でした。

一八七一（明治四）年八月、大久保は約四〇〇〇万円という不確実な歳入の中から陸海軍合わせて一〇五〇万円の経費支出の可否を諮問します。栄一と同列の安場保和、谷鐵臣といったいずれも五〇歳以上の老大丞などは、大久保の人格に少々圧せられ気味で別にこれという意見も述べず、賛意を表しました。

ところが、三〇歳を過ぎたばかりの最も若い栄一が反対します。その時、大久保は栄一のことを小癪《こしゃく》な奴だと思い嫌いましたが、栄一もまた大久保のことを嫌な人だと感じたというようなことを後日、述べていました。

しかし、個人的な感情は抜きにして、仕事上の重要な情報のやり取りはしっかり行われていたことを大久保書簡は示しています。ただ、受取人名は「渋沢殿」でしたが、差出人が「大蔵卿」となっていたのは、あくまでも大蔵省の上司と下僚の関係に徹していたからとも推察でき、興味深いものでした。

人柄にいたく心服——木戸孝允

年未詳三月二五日夜に認められた木戸孝允からの書簡を紹介します。簡単な時候のあいさつに続き、せっかく明日の面会約束を申し上げておきながら、よんどころ無い前の約束が手間取り、明後日の三時以後に会えればありがたいとして、改めて面会の約束を取り付ける内容のものです。たびたびご足労掛け、申し訳ないので差し支えなければ、参上したいとまで述べています。

木戸孝允（一八三三〜一八七七年）は、明治維新期の政治家で、維新の三傑の一人です。長州藩の藩医和田昌景の次男として萩に生まれましたが、八歳の時、桂九郎兵衛孝古の末期養子となり、その死後家督を継ぎました。一八四九（嘉永二）年、吉田松陰の松下村塾に入門し、一八五二（嘉永五）年には、自費で江戸へ遊学し、剣客斎藤弥九郎の道場に入り、塾頭となります。

一八五八（安政五）年一一月帰藩。翌年一一月江戸藩邸の学問所有備館の用掛となり、さらにその翌年四月に舎長となっています。文久年間（一八六一～一八六四年）には、高杉晋作らとともに尊皇攘夷運動の指導者となっていますが、尊攘激派の活動方針に必ずしも同調するものではありませんでした。その後、藩の過激派の京都進攻を中止させることに奔走しましたが、禁門の変に至ってしまい、その後は、広江孝助と変名して但馬出石に潜伏しました。

木戸孝允（国立国会図書館蔵）

一八六五（慶応元）年四月に帰藩後、藩政の中枢を担いました。この時期、藩命により木戸貫治と改名しています。また、坂本龍馬の斡旋から薩摩藩との提携に奔走し続けました。

一八六八（明治元）年正月、総裁局顧問、二月には外国事務掛を兼任し、四月には参与に任じられ、新政府の実権をにぎる一人となりました。五箇条の誓文草案の起草に関係し、自らの考えを反映させます。

また、版籍奉還、廃藩置県の実行にも尽力し、この間の一八七〇（明治三）年六月、参議に任ぜられます。廃藩置県後、岩倉使節団に全権副使として加わり、帰国後は、内治優先を主張して、征韓・征台の策に反対し参議を辞し、宮内省出仕の閑職に就いています。のちに参議復職・辞任を繰り返しながら第一回地方長官会議の議長、内閣顧問、東北・北海道巡幸の随行などを務めました。

栄一は、木戸の人柄に心服していました。その一端として、木戸が栄一宅を訪れた時のエピソードを紹介しています。偉い木戸参議の訪問に恐縮したそうですが、用件は、大蔵省の栄一の元で仕えていた江幡梧郎（後の那珂通高）を太政官の方で採用したく、その人物評を聞きに来たものでした。ただ、栄一は、江幡の人物像を知るよりも、栄一とは一体どういう人間かを確認するためでもあったと感じたようです。

いずれにしても、太政官に採用したい人物を知るため、参議という貴い身分であるにも関わらず、微位の官吏に過ぎない自宅を訪ねて来られたことは、木戸がいかに人を用いるに細心の注意を払い、適材を適所に置かんとすることに心を傾けたということであり大いに感心したようでした。

郵便の父に大いに敬服――前島密

一円切手にその肖像が描かれている前島密からの年未詳五月一四日付の書簡を取り上げたいと思います。前島自身が、明日大阪へ出張することに決まったので、ついては汽船会社処分の件を相談しておきたいと明朝九～一〇時の間で面会を願い出ている書簡です。本文中には、時間お繰り合わせの上、在宅くださいと認めていますが、二伸にて、明朝は銀行へ参るので、在宅を願うものではありませんと、訪問先の修正・確認をしています。

前島密（一八三五～一九一九年）は、明治政府の官僚で、「日本郵便の父」と称せられる人物です。越後国頸城《くびき》郡下池部村（現在の新潟県上越市）の豪農・上野助右衛門の二男として生まれました。

一二歳の時、医学の道を志し江戸へ出、さらにペリー来航を期に国防を考え、全国を周遊し、箱館、長崎では、英学、兵術・航海術など幅広く学問を修め、一八六五（慶応元）年には薩摩藩の洋学校にて講師を務めたりもしました。一八六六（慶応二）年、幕臣前島家の養子となり同家を継ぎます。

維新後は静岡藩にて遠州中泉奉行などの要職を務めましたが、一八七〇（明治三）年より明治政府に出仕しました。郵便制度視察、鉄道敷設借款契約のための渡英を経た後、駅逓頭などを歴任し、郵便制度の創設をはじめ逓信・運輸事業などの基礎を確立しました。

また海運、鉄道、新聞、教育の振興にも努め、郵便汽船三菱会社を援助し、外国航路開設に尽力。一八七二（明治五）年には『郵便報知新聞』を創刊します。

一方、国字の改良にも傾注し、幕末には「漢字廃止」を建議し、一八七三（明治六）年には、その主張の実践として『まいにちひらかなしんぶんし』を創刊。一八八七（明治二

前島密（国立国会図書館蔵）

○）年には東京専門学校（早稲田大学の前身）の校長に就任し、同年、関西鉄道の社長にもなります。一八八八（明治二一）年には逓信次官に任ぜられ、電話の開設など事業の発展に努力。一八九一（明治二四）年に退官しました。

その後、北越鉄道の社長、東洋汽船会社の監査役、京釜《けいふ》鉄道の取締役などを歴任します。一九〇二（明治三五）年に男爵を授けられ、以後は貴族院議員を務めました。

栄一が前島に初めて会ったのは、一八六九（明治二）年の春だったようです。栄一が静岡で企てた商法会所へ前島が訪ね、その計画を問い、さらに静岡藩をはじめ、これから先の世の中はどうなるであろうかといったことを話したようです。

その後、共に明治政府に出仕し、栄一が掛長をつとめた改正掛の仕事を通じて親交を深めます。大蔵省の最も緊急課題であった駅逓の新たな仕法に関して、前島が数か月調査し、確立させましたが、その仕事ぶりから、栄一は前島に対して、独創的な考えを持ち、応用の才を発揮し、新機軸の種々の方法を出す人物として大いに敬服したようです。

前島は鉄道の事についてもヨーロッパの事情に詳しく、海運については、明治早々から着目し、栄一よりは先輩だったので、むしろ「教えられた」といわしめる人だったようです。

機敏な頭脳を持ち主――陸奥宗光

本章の締めくくりとして、大蔵省罫紙に認められた年月日未詳の陸奥宗光からの書簡に目を向けてみます。栄一の来簡に接し、昨夜、栄一と伊藤博文で良き会談が持たれたことの推察からはじまり、伊藤に対して自説の思慮深さ、用心深さに、自身もこのようにありたいものと述べています。

そして、内容については不明ですが、このたびの廟議の秘密にすべきことが世に知られ、

陸奥宗光（国立国会図書館蔵）

広く討論される憂慮すべき状況を示し、何とかこの状況が鎮静することを期することを述べ、さらに、昨日預かった草稿を戻す旨と木戸の奏議文は今手元にないので、明日にも手交する旨を伝えています。なお、陸奥は自らの署名を雅号「六石」としています。

陸奥宗光（一八四四～一八九七年）は、明治時代の政治家、外交家です。和歌山藩士伊達藤二郎宗広の六男として生誕。江戸に遊学した後、京都にて尊皇攘夷運動に加わります。一八六三（文久三）年、神戸の海軍操練所で勝海舟の教えを受け、一八六七（慶応三）年には、坂本龍馬の海援隊に入りました。一八六八（明治元）年正月、外国事務局御用掛となり、その後、大阪府権判事・兵庫県知事、神奈川県令、地租改正局長などを歴任。一八七四（明治七）年、薩長の専制を批判して辞任し、翌年、元老院議官となりました。

西南戦争が起こると、大江卓らの政府転覆計画に加わったとして五年間投獄されます。出獄後、一八八四（明治一七）～一八八六（明治一九）年にかけて英・墺などに学び帰国後、外務省に入り、弁理公使・特命全権公使を経て、駐米公使兼駐メキシコ公使を務め、初の平等条約・日墨修好通商条約を締結しました。

一八八八（明治二一）年、第一次山縣内閣の農商務大臣に就任、一八九一（明治二四）年、第一次松方内閣にも農商務大臣として留任、九月に衆議院議員を辞職。翌年、総選挙における松方内閣の激しい選挙干渉を批判して辞任し枢密顧問官となりました。しかし、同年、第二次伊藤内閣に迎えられ外務大臣に就任し、在任中に不平等条約を結んでいた一五か国すべてとの間で条約改正を成し遂げました。日清戦争の講和・三国干渉にも尽力しています。外相時代の事績を「陸奥外交」と称せられました。

栄一が陸奥と知り合ったのは一八七〇（明治三）年です。米国の銀行システムなど大蔵省の基礎を定める調査のために渡米した伊藤博文が米国から帰国した時でした。陸奥は渡欧した帰国途次に米国で伊藤と出会っています。陸奥は伊藤と懇意になり、井上馨や栄一とも親しくなったようです。

栄一は、陸奥のことを常に機敏なる点と弁舌の鋭さに感服し、人の意を読むことが鋭く人物としては立派と感じていましたが、伊藤、井上らに知られるために栄一と懇意にしていたとし、思想に一貫した処がなく、学問も相当にされていたが、造詣が深いわけではなく、広く少しずつかじっているという人であると感じていたようです。

また、松方の緊縮財政政策に対して意見が対立し、陸奥と栄一はすべてにおいて意気投合したとはいえず、ある点では一致し、ある点では大いに相反したようです。

第七章　書簡にみる幅広い交流（二）——実業界、文化人とのつながり

関西の発展に貢献――五代友厚

前章では、渋沢栄一が幕臣から官員に任命された頃までの書簡を紹介しましたが、本章では栄一にとってメインの活躍の場であった実業界の人々や文化人からの書簡に目を転じてみようと思います。はじめに、年未詳五月三一日付の五代友厚からの書簡に目を向けてみましょう。

五代は、一八七六（明治九）年九月に政府からの低利資金を借り入れ、大阪・堂島浜通りに朝陽館を創立し、製藍販売事業に従事しています。栄一は、その朝陽館創立以前から製藍に従事する郷里（深谷）の親戚との間を斡旋したり、自らが創業後の朝陽館を視察したりしていました。

紹介する書簡には、製藍に関して伝えられたことを承知した旨を伝え、栄一が郷里の商人たちと視察訪問の希望を伝えたことに対して、明日午後二時ごろまでは差支えないので、来訪くださいと回答したものです。また、銀行株のうんぬんについては、もっての外との追伸も認められています。

五代友厚（一八三五～一八八五年）は、明治初期、大阪を中心に商工業発展に貢献した実業家です。薩摩藩の儒官・五代直左衛門秀尭《ひでたか》の次男として生まれました。一八五四（安政元）年、藩の郡方書役となり、その後、藩より選ばれて長崎に赴き、オランダ士官について航海術などを学んでいます。一度藩に戻りましたが、再び長崎に出て技術の研修を受けます。その際、幕府より派遣された千歳丸に乗船して上海に渡航し、秘かに藩のために汽船を購入していました。

一八六二（文久二）年、長崎にて御船奉行副役となり、一八六五（慶応元）年三月には、藩命により留学生を率いてヨーロッパ諸国を巡歴しています。新知識を得ると同時に、藩のため小銃・汽船・紡績機械などを購入して翌年二月に帰国しました。

一八六八（明治元）年正月、新政府の参与・外国事務掛を命ぜられ、その後外国事務局

五代友厚（国立国会図書館蔵）

判事、外国官権判事、大阪府権判事、会計官権判事を歴任しましたが、翌年には官を辞し、実業に従事するようになりました。鉱山経営や藍の製造販売などを行う一方、大阪株式取引所、大阪商法会議所（大阪商工会議所の前身）の設立、さらに、大阪商業講習所（現在の大阪市立大学）の設立にも力を尽くしました。

栄一と五代は、一時官界に身を置いた後、実業界で活躍し、その功績から「東の渋沢、西の五代」と称せられたほどでしたから、親密な関係だったかもと思うのですが、栄一自身が、「いろいろ経済上の事を相談した事はある。ただ共に役人生活をし、後に実業者になった関係から、表面上親密だった様に思われたかも知れないが、懇親に相計ったことはない。人物は浅薄な人で、要領がいいといった方だった。また、事業上においても実際的能力は持たなかった。（中略）正しくどこまでも真直にやるというよりも、それらを利用して自分の利益を図るといった風の人で、あまり感心しなかった」と述べているように、二人の関係はあまり深くはなかったようです。

栄一の関係するところ大倉あり――大倉喜八郎

大倉喜八郎からの書簡は、年未詳二月一八日付で、昨日お出でいただいたことの御礼に始まり、その時にお願いした公債証書（書簡では「クレジット」「公債証」と記されています）に関して掛かる手数について触れています。つまり、公債の取り扱いを、民間の大倉から第一（国立）銀行の栄一に依頼したものでした。

大倉喜八郎（一八三七～一九二八年）は、明治期の実業家です。越後国蒲原郡新発田町（現在の新潟県新発田市）の大名主・大倉千之助の三男として生まれました。一八五三（嘉永六）年に父が、翌年には母が亡くなると、江戸に出て、麻布のかつお節店に商売見習として三年住み込みます。

一八五七（安政四）年には独立し、下谷に乾物店・大倉屋を開業。鉄砲の取引に注目し、一八六五（慶応元）年に神田和泉橋に大倉屋銃砲店を開業しました。特に戊辰戦争に際し、

大倉喜八郎（国立国会図書館蔵）

軍需品の納入を一手に引き受けて大きな利益を得ています。

一八七三（明治六）年、大倉組商会を創立し、貿易事業を開始。一八九三（明治二六）年、合名会社大倉組に改組。日清・日露両戦争に軍の御用達として兵器・食糧の供給を独占して巨利を得るとともに、中国・満州の利権を獲得し、軍の御用商人として活躍しました。

一九一一（明治四四）年、株式会社大倉組を設立して合名会社大倉組の商事部門をこれに移し、財閥としての組織を整えました。関与した事業はビール、電気から帝国劇場や帝国ホテルなどの事業にまで及び、その他にも大倉高等商業学校（現在の東京経済大学）を設立するなど教育・文化にも関心を示していきます。

栄一は、明治政府の役人をしていたころから大倉の名前は知っていたようですが、大倉との交遊は、一八七七（明治一〇）年からのようです。その年、三井物産会社社長の益田孝と共に中国へ行った帰途長崎に立寄り、そこから船で帰路についたその船中で大倉と初めて会っています。

その時、栄一は、「いま朝鮮が飢饉《ききん》だから糧食を積んで朝鮮の急を救いに行くつもりだ」と言った大倉の言葉に強い印象を受けました。大倉は維新の動乱期の武器商人として出発し、一貫して軍の御用商人として活躍したので、日本における代表的な「死の商人」と見なされていたのです。

その大倉を栄一は信頼できる人物として、その後、事業上きわめて密接な関係となり、東京商法会議所、札幌麦酒、東京電灯、帝国ホテル、東京毛織、千住製絨所、日本土木会社等々、栄一の関係するところ大倉ありといわれるほど深い関わりがありました。

大蔵省在任時からの縁――益田孝

益田孝からの書簡は、年未詳二月二一日付で、前日の長座に恐縮の意を示すところから始まり、その時に相談した貿易銀小銀貨一〇万円を供する件についてです。

益田孝（国立国会図書館蔵）

依頼してきた大沢某の書面には「清国商務上」とあるだけで、具体的な目的・理由が記されていないので、清国輸出に供するものに違いないと思われるが、後日、目的・理由を詳述したものを付けるよう伝えたいという点について栄一に意見を求めたものでした。

益田孝（一八四八〜一九三八年）は、明治から昭和初期の実業家です。佐渡奉行所の地役人であった益田孝義の長男として佐渡相川に生まれました。英語を学び、一八六一（文久元）年に米国公使館に勤務した後、一八六三（文久三）年、遣欧使節池田長発《ながおき》に随行。明治維新後は横浜で中屋徳兵衛を名乗って茶や海産物の売り込みを始めましたが失敗し、居留地のウォルシュ・ホール商会に勤めています。

一八七一（明治四）年、井上馨の勧めで大蔵省に出仕し、造幣権頭となりました。辞任した井上の後を追って辞職し、井上とともに先収会社の創立に参加し、同社解散後、三井に招かれて三井物産会社の社長に就任します。

同社は、益田によって導かれ、わが国屈指の商社に発展。三井財閥を不動のものとし、益田は三井財閥の最も中心的な人物の一人となりました。三井家事業の中核である銀行・物産・鉱山三社を株式会社組織に変更し、その株式を所有する持株会社として三井合名会社を設立する事業組織の改革を進め、一九〇九（明治四二）年、同社設立によって顧問となっています。

益田は茶人・美術愛好家としても著名で、鈍翁《どんのう》と号し、益田が主催した茶会・大師会《だいしかい》は政財界人の一大社交場でした。栄一は、三等出仕として大蔵省に席を置いていた時に、造幣局の役人として出仕した益田と知り合っています。栄一が井上馨に弟のように懇意にしてもらっていた頃でしたので、益田は栄一を叔父のように思っていたようです。退官後、第一国立銀行に進んだ栄一に対し、先収会社から三井物産会社に進んだ益田。「三井」の会社ではありましたが、益田は、何かといえば栄一に相談し、第一（国立）銀行の世話になることが多かったようです。

益田が何か事業を起こそうとして栄一に相談すると、栄一は必ず「よしやろうじゃないか」と言って賛成し、主導者として邁進するので、後からついて行く益田は「いつもへとへとになった」と述べています。大阪紡績、東京商法会議所、東京人造肥料、耕牧舎など先に紹介した大倉喜八郎同様に事業上極めて密接な関係でしたが、政治や趣味に関しては考えが合わないところもありました。

無学ながら非凡の才能――三野村利左衛門

三野村利左衛門からの一八七六（明治九）年六月九日付の書簡を紹介したいと思います。同年七月一日に三井が単独で開業に至らしめた三井銀行の創立許可が下りたので、そのお礼のために京都の三井一族が上京し、栄一のもとに参上したい旨を伝える短信です。訪問

三野村利左衛門（公益財団法人三井文庫蔵）

の際に名刺を差し出すことの了解を求め、粗品を献上したいので納めていただきたいことを願い出ているものでした。
三野村利左衛門（一八二一〜一八七七年）は、幕末・明治前期の経営者で、三井の大番頭です。特に前半生の経歴を示す資料に乏しく、自身が語ったという記録によると、出羽庄内藩士・関口正右衛門為久の三男・松三郎（同藩の木村利右衛門の養子となっていた）を父として誕生したといわれています。訳あって父は浪人の身となり、幼少の三野村と姉を連れて諸国を放浪したようです。
一九歳の時に江戸に出て、深川のイワシの干物問屋・丸屋に住み込み奉公しましたが、この時の働きぶりが評価され、旗本・小栗家に雇われることになりました。その後、神田三河町で油や砂糖を商う紀伊国屋の美野川利八に見込まれ、二五歳の時、婿養子となり、同名を襲名して紀伊国屋を継ぎました。

十余年にわたる苦労の末、蓄えた資金を元手に、小規模な両替商を始めます。一八六〇（万延元）年の貨幣改鋳の際に、事前に天保小判を買い占め、大きな利益を得ました。買い占めた天保小判を三井両替店に売り込んだことから三井とのつながりが生じたようです。

三井は、幕府の公金を流用し、多額の焦げつきを生じた上に幕府から多額の御用金が課され、破たんの危機に陥り、最後の手段として幕府の財政担当責任者・勘定奉行の小栗上野介の力にすがり、御用金の減額を頼むほかないと、小栗の屋敷で奉公した三野村に依頼しました。三野村が小栗へ働きかけた結果、御用金減額、免除は成功します。三野村は三井家の危機を救ったのを契機に三井家に雇われ、同時に名前も「三野村利左衛門」と改めています。

明治維新後、政府高官たちと深いつながりを持ち、新政府関係の業務を三井の営業の中心に据えました。諸施策が実を結び、一八七一（明治四）年六月、新貨幣との交換における地金回収の国内実務を独占的に引き受けることに成功。後年の三井銀行創立に導きました。

栄一と三野村は、栄一が静岡で商法会所を設けた頃から交流があり、大蔵省出仕時代に懇意になりました。三野村は栄一を三井の番頭に引き入れようとして、三井の定紋の付いた裃《かみしも》を贈ったりもしたようです。

栄一は、三野村に対して、「立派な政治家たる素質の持ち主。事物を説明する時に、丸をいくつも書いて相互の関係を端的に図解する天稟《てんぴん》の才能の持ち主。進歩的な思想の持ち主。人を見抜く抜群の眼識力の持ち主。交際上手で、人に交っても離れしめないという一種の力の持ち主。そして、些細のことにも実によく気が付く人」といった印象を持っていました。「無学でありながら非凡の才能を備えた者はいまだ見たことがない」と言わしめる人でした。

誠実な勇者――古河市兵衛

渋沢史料館で所蔵する唯一の栄一宛ての古河市兵衛の書簡は、年未詳一一月二八日付の「恐れながらこの者へお渡しお願い上げ奉り候」とした短信です。使いに寄こした者へ預かり物を託してもらいたいことを伝えたものと思われます。ちなみに、宛名には「殿様」と記しており、古河の栄一に対する思いが感じられます。

古河市兵衛（一八三二～一九〇三年）は、明治期の実業家です。京都岡崎の醸酒業者・大和屋木村長右衛門の次男として生まれましたが、幼いころから丁稚奉公や行商に従事する苦労を経験します。一八歳で盛岡の伯父木村理助の元へ赴き、二〇歳で南部藩御用掛鴻池屋伊助店に手代として勤めました。

二七歳のとき京都井筒屋小野店の古河太郎左衛門の養子となり、古河市兵衛を名乗るようになりました。以後、小野店に勤め、特に生糸輸出に手腕をふるった功により、三八歳で小野宗家より許され、東京に店を設け、生糸貿易や院内・阿仁などの東北各地の鉱山経営に当たりました。

一八七四（明治七）年に政府の為替方を勤めていた小野組が担保提供の増額に応じられずに破産したため、古河は独立して事業経営に当たるようになりました。一八七五（明治

古河市兵衛（国立国会図書館蔵）

八）年の草倉銅山に始まり、一八七七（明治一〇）年には足尾銅山を取得し、開発に当たるなど、鉱山業を中心とするものでした。

足尾銅山の生産が軌道にのった明治一〇年代以降、古河の事業は急成長をみせ、古河は「鉱山王」と呼ばれるようになりました。一八八八（明治二一）年のジャーディ＝マセソン商会との取引で巨利を得たりしましたが、その半面で、急速な発展は足尾銅山鉱毒事件を引き起こすことになりました。

古河と栄一との交際は一八七〇（明治三）年以来で、友人として交情は密でしたが、古河は大いに金儲けをしたいという風でしたので、この部分では栄一と全く説が合わなかったようです。ただ、自信力の強いことについていまだ他に類例を見たことがないという印象を栄一は持っていました。

古河が勤めた小野組が、政府より預り金の厳重なる取り立てにあい、一八七四（明治七）年には閉店の悲運に陥りました。当時、第一国立銀行は小野組本店・支店に合わせて一三〇～一四〇万円程の金を貸していましたが、小野組への貸金が取り立てられなければ、当時始めたばかりの銀行事業も消滅してしまうと栄一は非常に心痛したのです。

そのようなときに古河が栄一に「小野組が閉店するために、貴下に御迷惑をかけ、銀行を潰すようなことがあっては済まない。それ故私の方にある財産を糸でも米でも鉱山でもことごとく皆差入れるから、すぐに正当な処置を取ってください」と申し出ました。先方から進んで抵当権の設定を請い、貸金に相当するだけの抵当物を提出したので、第一国立銀行は大した損失もなく、危険な時期を乗り切ることができたのでした。

自ら進んで抵当物の提供を申し出て、必ず損をかけないようにするといった誠実さや、私より公を優先させた者として栄一は深く古河の性格に感じ入ったようです。

穏健で用意周到なる経営者——岩崎弥之助

年の記載はありませんが、一八九三（明治二六）年と思われる一二月一日夜に認められ

岩崎弥之助（三菱史料館蔵）

た岩崎弥之助からの書簡を紹介したいと思います。

同日、木挽町（現在の東京都中央区）の厚生会館にて午前九時より日本郵船会社第八期株主定式並びに臨時の総会が開催されましたが、「郵船会社の総会も首尾よく済んだので安堵しているところです。これも老台（栄一――引用者注）が万事において尽力下されたので平穏に運ぶことができました」と感謝の意を表した礼状です。先日来少々体調不良のため引きこもっているので、取りあえず書状にて礼を述べ、快復したら改めて参上して礼を述べたいとしています。

岩崎弥之助（一八五一～一九〇八年）は、明治期の実業家です。土佐国安芸郡井の口村（現在の高知県安芸市）に地下浪人・岩崎弥次郎の次男として生まれました。家は後に、兄・岩崎弥太郎の努力によって郷士の家格を得ています。

高知藩校・致道館に学んだ後、一八七一（明治四）年、大阪に出て儒者重野安繹の塾に学び、翌年ニューヨークに留学しました。帰国後、創業期の三菱会社の経営に尽力し、一八八五（明治一八）年二月、弥太郎の死去により郵便汽船三菱会社の社長に就任しました。

当時は栄一も発起人であった政府が後援する共同運輸会社と海上輸送の主導権争いで過当競争に陥り、両社共に大きな損失を生じていました。弥之助は共同社長を務める森岡昌純と和解策を講じ、政府もまた海運界の衰退を憂慮して両者の合併を勧告しました。両者は、一八八五（明治一八）年に合併して日本郵船会社を設立させました。これを機に海運事業を新会社に移譲し、弥之助は翌年に「三菱社」を創立して鉱業・造船・銀行・地所・倉庫などの事業に転出し、後の三菱系企業の基礎を築いたのです。

一八九三（明治二六）年、（旧）商法の施行により弥之助は会社を改組して三菱合資会社を設立し、弥太郎の長男・岩崎久弥を社長に据えました。なお一八九〇（明治二三）年、貴族院議員に勅選され、一八九六（明治二九）年には男爵を授けられています。同年、第四代日本銀行総裁に就任し、日清戦争後の不況を乗り切り、その後も諸政策に着手しましたが、一八九八（明治三一）年、松田正久蔵相と対立して辞職し、その後公職には就きませんでした。

また、『国史総覧稿』他の史書刊行の支援をしたり、清国の学者・陸心源の蔵書四万余冊をもって静嘉堂文庫を作った事績も残しています。

栄一は、「三菱の事業は兄・弥太郎がその隆盛をみるに至らしめたのには相違ないが、弥之助の補い・助けがなければ、成功はなかった」と言い、弥之助は実に穏健なる思想と周到なる用意とをもって経営にあたり、兄の事業に対して常に内助をもって支えていたと評しています。

先述の通り、海運事業において栄一は岩崎兄弟とは主義の衝突がありましたが、弥太郎没後、国富のためにこそ競争はするが他意はないとする栄一は、川田小一郎日銀総裁の調停に応じ、弥之助と面談を重ね、隔意なきように至ったのでした。そして一八九三（明治二六）年、三菱がその後も岩崎一家の事業のように見える状況を払拭するためにも、栄一に三菱に入ってもらいたいと弥之助自らも依頼し、以後、栄一は日本郵船会社取締役を務めたのです。

主義を同じくする実ある学者——福沢諭吉

栄一の元には文化人と称せられる人々からも多くの書簡が寄せられています。一八九三（明治二六）年一〇月三一日付の福沢諭吉からの書簡を取り上げたいと思います。

来日した米国のボストンヘラルド新聞社主と一人の記者が、福沢に面会を求めてきたので、一一月二日の午後五時半に自邸に招き、五、六人の友人を会し一席設けるにあたり、随分面白き談話も聞けるかと思うという意を添えて栄一を招待したものです。

福沢諭吉（一八三四〜一九〇一年）は、明治時代の啓蒙思想家で、慶應義塾の創立者です。豊前国中津藩士福沢百助の末男として大坂堂島の中津藩蔵屋敷で生まれました。

一八五四（安政元）年、長崎に出て蘭学を学び、翌年、大坂の緒方洪庵の適々斎塾に入り、短期間のうちに塾頭になっています。一八五八（安政五）年、藩命により江戸に出て、築地鉄砲洲の中屋敷内に蘭学塾を開設します。しかし、翌年、横浜での見聞にて蘭学がもはや役立たないと感じ、自らは英学を勉強しました。

一八六〇（万延元）年、日米修好通商条約批准交換のための幕府の遣米使節団に自ら希望して随行しています。帰国後、幕府の外国方に勤め、外交文書の翻訳に従事し、塾の教育を英学に切り替えました。その後、幕府遣欧使節に参加し、各国の視察ならびに原書講読に努め、一八六四（元治元）年には、幕臣となり、外国奉行翻訳方を務めます。一八六七（慶応三）年には、幕府軍艦受取委員の一行として渡米したりしました。

維新後、福沢は新政府からの出仕命令を固辞し、生涯官職に就かず、位階勲等も受けず、むしろ平民として塾に力を注いでいきました。一八七八（明治一一）年以降、東京府会議員、東京学士会院の初代会長を務めたほか、社交倶楽部の交詢社を結成し、一八八二（明

福沢諭吉（国立国会図書館蔵）

治一五）年には『時事新報』を創刊して論陣をはるようになったのです。

栄一と福沢の初対面は、栄一が明治政府の役人時代でした。改正掛の事業の一環で、主として度量衡改正について意見を求めに訪ねた時で、福沢は初対面の栄一に向って自作の『世界国づくし』や『西洋事情』を取り出し、種々教示したようですが、栄一は、一風変った人という印象をその時から感じたそうです。

その後、栄一が実業界に身を投じてからは、慶應義塾出身者と面会し、その人々から福沢という人は、独立自尊を唱える人、商工業を重んずる人といったことを聞き知り、福沢について実に生きた学者であって、空漠な意見を持つ人でないと理解しています。極力商工業・実業界の活動を主張し、「実業界の人は、政治界の人と区別すべきでない。少くとも両者は同じ列にせねばならぬ」と言った福沢の考えは、栄一の主義と同じくするものでした。

ただ、唯一二人の間で、学問の素地が異なるところから来るものと思いますが、忠孝に対する観念が相違し、栄一は納得出来なかったようです。

忠孝の念に篤い芸人——三遊亭円朝

ここでは「えっ！渋沢栄一はこのような人との交流もあったの？」という人物からの書

簡に目を向けてみます。年未詳七月五日付の三遊亭円朝からの書簡です。ちなみに、宛名は「渋沢様御内　御見世中様」となっています。

昨日招きにあずかったことへの礼を述べ、その折に羽織を忘れてきてしまったので、使いの者に手渡してほしい旨を伝えたものです。その羽織について「黒呂と申は上等のようなれど、御むし物のようかん色に候へ共、此身にとりては袈裟とも衣ともかけ替えなき品」と言い、差出人としての名前を袈裟・衣の持ち主にかけて「三遊庵円朝坊」としています。円朝のユーモア、教養がにじみ出ており、落語家・芸人としての心意気がくみ取れるものです。

三遊亭円朝（渋沢史料館蔵）

三遊亭円朝（一八三九～一九〇〇年）は、明治時代の落語家です。音曲師・橘屋円太郎（出淵《いずぶち》長蔵）の子として江戸湯島切通町に生まれました。七歳で小円太を名乗り寄席に初出演した後、二代目三遊亭円生に入門します。一時廃業しましたが、一八五五（安政二）年以降、円朝を名乗り、鳴物入りの道具咄で人気を得、また、自作の多くの新作も好評でした。

文久頃には派手ななりで人気をあおりましたが、明治に入ってからは素咄に戻り、高い芸の境地を目指しています。言文一致体小説の文体に影響を与えたり、作品の多くが劇化され好評を博したりと、心理描写にその真骨頂がある流麗な文章をつづる才人でした。円朝は子・朝太郎の素行には悩まされましたが、弟子の育成に尽力し、三遊派の全盛を導きました。また、当時、井上馨をはじめとして、川田小一郎、大倉喜八郎、馬越恭平など円朝びいきが多くいました。

栄一は、円朝から話術を学んでいたようですが、その円朝について「随分世話もしましたが、誠に芸人に珍しい忠孝の念の篤い男」と述べています。話の面白さ、うまさだけでなく、酒席などへ呼んでも、こびへつらうことがなかったことなどにも感心しています。徳川慶喜の見舞いに栄一が円朝を連れて駿府（現在の静岡市）へ行った時、『塩原多助一代記』（円朝の創作落語）を一席演じたようですが、慶喜もたいそう満足したそうです。

その時分、栄一は、円朝の速記本が出ると夢中になって読んだといいます。さらに円朝について、「自分で発明した新しい事により、世間の人を『なるほど！』と感服させ得る人には、どこか他人の及ばない優れた長所のあるものだが、円朝が発明した新しい話方によって落語界が一新し、しかも世間の人々をも感服させて聴かせることが出来たのは、円朝に他の落語家が持ち得ていない優れた所があったから」と、とても高く評価しています。

〝論語と算盤〟を賞賛――三島中洲

栄一の主著『論語と算盤』に関係が深い人物からの書簡を紹介したいと思います。年末

三島中洲（渋沢史料館蔵）

詳一月七日付の三島毅（号は中洲）からの書簡です。

新年のあいさつに始まり、昨年暮れに親戚・野崎定次郎の面会に応じ、種々教示いただけたことの礼を述べ、加えて三島の出身地・備中の名和弥三郎という人物が、鉄道敷設のために上京しており、名和本人が希望している栄一との面談を依頼しています。

鉄道敷設に関しての世論はありましたが、その実現に向けての動きがなく、反対の私論に押され気味の状態に対して焦りを感じているようなので、良きアドバイスを与えてもらいたいとするものでした。

三島中洲（一八三〇〜一九一九年）は、幕末から大正初期にかけての漢学者です。中洲は号で、名は毅といい、備中国窪屋郡中島村（現在の岡山県倉敷市）に生まれました。八歳で親を失い、一四歳で儒学者・山田方谷の門に入り陽明学を学び、二三歳で伊勢の津に出て斎藤拙堂に師事し、二八歳で江戸・昌平黌にて佐藤一斎らに学んでいます。

一八五九（安政六）年には、方谷の推挙で備中松山藩に仕え、藩校・有終館の学頭となりました。新政府の命により一八七二（明治五）年、司法官となり、新治裁判所長、大審院中判事を歴任。一八七七（明治一〇）年、東京府麹町区一番町（現在の千代田区三番町）に漢学塾二松學舎を創設し、漢学・東洋学の発展に尽力しました。後に東京高等師範学校、東京帝国大学文科教授、東宮御用掛、東宮侍講、宮中顧問官を歴任しています。

栄一は、三島が経営する二松學舎舎長などを務め援助を惜しみませんでしたが、交遊は古く、一八八〇～八一（明治一三～一四）年ころ、他人の紹介にて知り合いとなり、一八八二（明治一五）年には、先妻・ちよの墓碑の撰文を依頼しています。栄一は、三島を単なる訓話学者でなく、学問を生かして用いる学者として捉えていました。また、三島が発表した「義利合一説」は、全く栄一の宿志、平生実行するところと一致するものでした。

栄一が古希を迎えた時に祝賀として贈られた書画帖中に、洋画家・小山正太郎によって論語と算盤、シルクハットと朱鞘《しゅざや》の刀が描かれた画がありました（口絵四頁）。これを見た三島が不思議に思い栄一に質問したので、栄一はこれに答えて、「このシルクハットの礼帽と護身の剣は一見反対の不調和ながら熟視すればよく調和するものであり、また論語と算盤も同じくして道徳と経済とが相依り、相扶けて初めて世の中のためになるという意味を示すのだ」と説明。三島は拍手してこれは妙だと賞賛し、「論語と算盤」という一文をつくって栄一に贈ったのです。

栄一は、自身が伝えたい三島と同じ思い・考えをより分かりやすく伝えられるということで、それ以降「論語と算盤」と題した文章を各誌に寄せるようになっています。

栄一は、学者の側から道徳と経済とを密着せしめたいということを主張されたことに無限の喜びを感じ、三島を老師として常に教えを乞うていました。

大学講師に招聘――加藤弘之

一八八二（明治一五）年五月二二日付の加藤弘之からの書簡です。同月二九日午後六時より小石川植物園にて、東京大学外国人教師に晩餐饗応《きょうおう》するにあたり、臨席を請う案内状です。

当日は植物園が縦覧できるので、午後四時過ぎからの出席も差支えないことが伝えられています。さらに再伸として新しい門からの出入りと出欠の諾否を二五日までにもらいたいとする旨が付記されていました。なお、本状は、東京大学から大学関係者への案内状ということで差出人の加藤弘之は肩書き「東京大学総理」を明記しています。

加藤弘之（一八三六～一九一六年）は、明治期の代表的な官僚学者で、初代の東京大学総理です。出石藩士・加藤正照の長男として但馬国出石城下谷山町（現在の兵庫県出石郡出石町谷山）に生まれました。

一八四五（弘化二）年、藩校・弘道館に入って以降、一八五二（嘉永五）年、江戸で甲州流兵学を修学、佐久間象山、一八五四（安政元）年には大木仲益に入門して蘭学を学んでいます。一八六〇（万延元）年に、蕃書調所教授手伝となった頃より法学・哲学に転じ、ドイツ学の先駆者ともなっています。

一八六四（元治元）年、幕臣となり開成所教授職並から目付・大目付・勘定頭を務めました。明治政府出仕後は、政体律令取調御用掛、会計権判事、学校権判事、大学大丞《たいじょう》、侍読、文部大丞、外務大丞を歴任し、一八七二（明治五）年、宮内省四等出仕となり、一八七四（明治七）年に左院の一等議官に任ぜられました。また、明六社の社員となり、民撰議員設立建白書に関して大井憲太郎らと論争しています。

一八七七（明治一〇）年、東京開成学校総理、東京大学法学部・理学部・文学部総理に任ぜられ、一八七九（明治一二）年に東京学士会院会員となり、一八八一（明治一四）年には職制の改革に伴い東京大学総理になります。一八八六（明治一九）年、元老院議官と

加藤弘之（国立国会図書館蔵）

なり、翌年には、文学博士の学位を授けられました。

一八九〇（明治二三）年から一八九三（明治二六）年まで帝国大学総長を務めた後、貴族院議員に勅選され、一八九五（明治二八）年、宮中顧問官となっています。一九〇〇（明治三三）年、男爵、翌年、東京帝国大学名誉教授、一九〇五（明治三八）年、法学博士をそれぞれ授けられています。翌年、帝国学士院長、枢密院顧問官に任ぜられ、その他、震災予防調査会長、高等教育会議議長、教科書調査委員会会長などを務めました。

実は、栄一は東京大学文学部政治学・理財学科で一時期講師を務めたことがありましたが、それを勧めたのが加藤弘之でした。

東京市がガス事業を始めた当初、瓦斯局の事務を見ていた栄一が、外国人技師よりも日本人の技師を雇うほうが良いとして、その人事を加藤に依頼したのです。すると加藤は、東京大学で応用化学を修学した人物を推薦し、栄一も早速その人物と面談したのですが、「瓦斯局が将来、会社になるならば、そこに勤めても何の名誉も伴わない。自分が東京に出て学問をしたのは、役人として名誉が得たいからであり、民間の商売人となるのは嫌です」と断られたのです。

栄一は、大学の教育方針が悪いに違いないと、加藤に「官尊民卑の学生を養成しては困る。斯様《かよう》な有様では国は亡びる」と抗議したところ、加藤から「それならまず銀行の講義をしてくれ」ということで、「日本財政論」として、銀行条例の成立や銀行実務などを一八八一（明治一四）年から三年間講義したのでした。

キリスト教徒の自由教育者——新島襄

年未詳一一月一三日付の新島襄からの書簡を取り上げたいと思います。「その日の朝に訪問したが、（栄一が——引用者注）不在でしたので、改めて参上する旨を伝え、一旦帰りましたが、午後の都合がつかなくなってしまい、再訪出来なくなったので、やむを得ず、この書面にて用件を伝えたい」としています。

新島襄（国立国会図書館蔵）

その用件とは、福島の北村芳太郎宛に紹介状を一通頂戴したいというものです。「上毛地方出張に際して福島まで足をのばし、かねてより進めている大学設立資金募集の成果をあげたいと思っていたところ、ちょうど北村氏が上京すると聞きましたので、あなたの紹介状を得て、すぐにでも同氏に会いたいと思った次第です。まずは使いの者にその紹介状を渡してもらいたい」と伝えています。また、「北村氏が在京中に面会の機会があれば、同志社大学設立資金募集について福島での尽力斡旋をお願いしていただければ好都合である」という内容でした。

新島襄（一八四三〜一八九〇年）は、明治期の教育家、同志社の創立者。江戸神田一ツ橋小川町の安中藩邸内で藩の祐筆職・新島民治の長男として生まれました。一八五六（安政三）年、藩中の子弟から選抜されて田島順輔などに蘭学を学び、翌年には祐筆補助役についで御供徒士となります。一八六〇（万延元）年、江戸築地の軍艦操練所に入る一方、一八六二（文久二）年から甲賀源吾の塾で兵学、測量・算術を学びました。

翌年以降蘭学から英学に切り替え、アメリカの政治・社会ならびにキリスト教に惹かれるようになりました。一八六五年にボストンのフィリップス＝アカデミーに入学、翌年にアンドーバー神学校付属の教会で洗礼を受け、一八六七（慶応三）年にアーモスト大学に入学し、卒業後アンドーバー神学校に進みました。その間、岩倉具視遣外使節団に随行しアメリカ・ヨーロッパ諸国の学校教育制度の調査を担当、『理事功程』の編纂に尽力しています。

一八七四（明治七）年にアメリカン＝ボードの年会で日本にキリスト教主義学校の設立を訴え、その支持を得て帰国し、翌年、京都に同志社英学校を創設しました。同年末には京都にキリスト公会を設立し、一八七七（明治一〇）年に女学校を開校します。翌年には沢山保羅らと日本基督伝道会社を設立してキリスト教の伝道を進めました。欧米巡歴を経て教育と伝道方策をかためた上で、一八八八（明治二一）年に「同志社大学設立の旨趣」を全国に公表して私学教育の特性を訴え、キリスト教主義を徳育の基本とする自由教育を標榜しました。一八九〇（明治二三）年に大学設立運動の奔走中に神奈川県大磯で没しました。

新島が同志社大学設立のために奔走する中、栄一は六〇〇〇円を寄付して協力の意志を示しています。栄一は、智徳兼ね備えた実用的な人物の養成に期待を寄せていました。また、新島永眠の直前、たまたま同じ大磯に滞在していた栄一は、何度も見舞っただけでなく、東京から名医を呼び寄せて診察させたりしています。

新島は、死のわずか二日前に、栄一宛に、病床から告別の手紙を送りました。謹んで告別申し上げるとし、それまでの同志社大学のために、高配賜ったことへの礼を述べ、自身亡き後も、行く末長く心にかけてもらいたいと願っていたのです。

博愛の心を尊ぶ――佐野常民

これまで二章に渡り、栄一宛ての書簡を紹介してきました。最後に、年未詳一一月八日付の佐野常民からの書簡を紹介します。

かねてより内々に伝えていた有栖川宮総裁招待の日程が一一月一四日の午後四時からと決まり、これから招待状を発送するにあたり、まず栄一に直接出席を請うたものです。ただ、出席が叶わない場合は、招待状の都合もあるので即時の返答をお願いしたいとする内容でした。

佐野常民（一八二二～一九〇二年）は、明治期の政治家で、日本赤十字社の創立者です。肥前国佐賀郡早津江村（現在の佐賀市）に佐賀藩士・下村充贇《みつよし》の五男として生まれ、一八三二（天保三）年に親戚の藩医・佐野常徴《つねあき》の養子となりました。

藩校・弘道館で学んだ後、江戸で古賀侗庵《どうあん》に師事し、さらに医学を志して京都の広瀬元恭《げんきょう》の時習堂、大坂の緒方洪庵《こうあん》の適塾などにて学びました。一八五三（嘉永六）年、佐賀藩の精錬方頭となり、一八五五（安政二）年には幕府が開設した長崎海軍伝習所で学び、蒸気機関車模型や電信機などを試作したりしています。

一八六一（文久元）年、海軍取調方付役として蒸気船製造にあたり、そして、一八六七

（慶応三）年、パリ万国博覧会に藩の代表として派遣されました。

帰国後、兵部少丞、工部大丞兼燈台頭を歴任し、一八七二（明治五）年にはウィーン万国博覧会事務局副総裁、一八七五（明治八）年に元老院議官を務めています。一八七七（明治一〇）年には、大給恒《おおぎゅうゆずる》らと博愛社を創立し、のち副総長となります。博愛社の創立には、願い出た三条実美太政大臣、岩倉具視右大臣にいったん却下されましたが、熊本の征討軍本陣に駆け込み、総裁の有栖川宮熾仁親王に直訴したところ、「自分が許可するから」ということで了承を取り付け、創立に至った経緯があります。ここで紹介した書簡は、この一件に関連するものとの推論も立ちます。

佐野常民（国立国会図書館蔵）

一八八〇（明治一三）年以降、佐野は大蔵卿・内国勧業博覧会副総裁、元老院副議長・議長、宮中顧問官を歴任し、一八八七（明治二〇）年に博愛社を日本赤十字社と改称し、初代社長となりました。一八九二（明治二五）年に一か月間、農商務大臣を務めた後、日本赤十字社創立二五周年記念式典で名誉社員となった一九〇二（明治三五）年、静岡県沼津で没しました。

一八六七（慶応三）年のパリ万国博覧会に、栄一は幕府使節団の一員として、佐野は佐賀藩の代表として参加し、共に人生の大きな転機を迎えています。帰国後、共に明治政府に出仕している間にも、明治政府が国家の威信をかけて公式参加し、多数の出品物を会場で展示して日本の物産や文化を紹介した一八七三（明治六）年のウィーン万国博覧会にむけて設置された「博覧会事務局」でも共に御用掛として尽力しています。

また、栄一は、佐野がパリ万博で強い影響を受け、西南戦争にて多数の負傷者が出ている実状に鑑みて、救護する組織として創立した博愛社の社員になり、一度は辞した議員に一八八六（明治一九）年に選任されています。さらに事業を拡張し、日本赤十字社と改称された後も常議員を務めたり、寄付をしたりして支援を続けました。共に博愛の心を持ち、日本文化の発展に大きく寄与したのです。

渋沢栄一こぼれ話（三）

二度もノーベル賞候補に

実は、受賞には至らなかったものの、渋沢栄一もノーベル賞の候補者として二度推薦されたことがあります。ここでは、発表された研究結果から、その事実を紹介します。

一九二六（大正一五）年のノーベル賞候補に栄一を初めて推薦したのは、ハワイ大学教授の原田助《たすく》でした。原田は、栄一の人間性をはじめ、国際的な活動によって欧米諸国と日本の財界人との相互理解促進を図ったこと、日米関係が世界平和に何よりも影響を及ぼすことを認識し、友好維持の努力を惜しまなかったことなどを推薦理由に挙げました。

さらに、栄一の活動がノーベル委員会に認められれば、日本以外の極東地域で栄一に続こうとする若者を大きく励ますことになる、と記しています。

また、原田に加え、加藤高明首相、幣原喜重郎外相などの日本政府関係者や、スタンフォード大学の総長を務めたデイヴィット・ジョーダン、ハワイ大学総長のアーサー・ディーンなど、アメリカからの推薦もありました。しかし、同年のノーベル平和賞候補は個人二七、団体六の合計三三件もあり、栄一は受賞には至りませんでした。

翌一九二七（昭和二）年、若槻礼次郎首相、幣原外相などは、改めて栄一をノーベル平和賞候補とする推薦状を出しました。推薦人は減少したものの、主要な政治家が推薦している点は前年と変わらず、さらに原田助も改めて推薦状を出しました。目新しい点はありませんでしたが、短いながらも、推薦状の趣旨は一貫していました。

それにもかかわらず、結局、栄一の二度目の挑戦も実らなかったのです。栄一が受賞に至らなかった理由としては、栄一がヨーロッパではほとんど無名であったことが大きかったようです。さらに、推薦者らが示した日米関係における重要性については、大きな誇張があると指摘されました。また、栄一が英語が不得意であったことから、日米問題で重要な役割を果たすことは不可能である、とまで言われてしまったのです。

このような、極めて厳しく、低い評価から、全候補の半分までには選考に残っていたものの、栄一は落選しました。しかし、ノーベル委員会の目をアジアに向けさせたという事実だけでも、栄一の推薦には大きな意義があったと考えられています。

追跡・ある日の渋沢栄一

先に述べましたが、栄一が生涯に関係したといわれる会社の数は約五〇〇、社会事業の数は約六〇〇と、驚異的な数に上ります。明治三〇年代には、同時に約三〇社の役員を務めていました。さぞやスケジュール管理が大変だったのでは、と余計な心配をしてしまいますが、栄一の多忙ぶりは彼の日記や「集会日時通知表」といった記録からもうかがわれ、当時の雑誌などでも紹介されるほどでした。

ここでは、喜寿を過ぎた頃のある日の栄一の行動をご紹介し、その日常を垣間見たいと思います。

朝は午前五時ごろに起床し、まず朝湯に入ります。これは、数十年間一日も欠かしていません。湯から出る頃に門番が表門を開けると、もう訪問客が表で待っていて、すぐに応接間へ案内されます。

栄一は、湯から上がると先客から順に、一〇～二〇人と面会します。訪問客は政治家、実業家、教育家など多方面にわたり、面談内容も寄付や役員就任の依頼など、さまざまです。要点のみを聞くようにしても、面会だけで三～四時間は掛かってしまいます。あまりに訪問客が多いときには翌朝の面会を約束し、出直してもらうこともありました。

午前一〇時前に大急ぎで朝食を取りますが、その間にも方々から電話が掛ってきます。朝食が済むと、毎朝三〇～四〇通はある公用・私用の手紙に目を通し、秘書に返書などを指図して、重要なものは自分で返書を書きます。そして一〇時になると慌ただしく、待ち構えていた自動車に乗って兜町の渋沢事務所に出向きます。車内では、その日の新聞に一通り目を通します。

渋沢事務所へ着くと、そこにも一〇～二〇人の訪問客が待っていて、正午までにそれらの訪問客に接しながら、帳簿を見たり、事務処理を行います。昼は、重役などと共に昼食を取りながら打ち合わせをし、それが終わると、約束のあるさまざまな会などを回り始めるのです。

栄一は夕食をほとんど外出先で取っています。そして、毎夜自宅へ帰るのは夜中の一二時ごろでした。帰宅すると、新聞を読んだり、家族の者と話をします。ときには子供たちとトランプに興じることもあったといいますが、大体は深夜一時ころに床に就いていました。

日曜日のみは訪問客を避け、終日自宅で読書と揮毫《きごう》で過ごすようにしていました。

栄一の多忙さは、普通なら一年間の使用に耐える自動車のタイヤのゴムが、いつも二か月で擦り切れてしまった、という事実からも分かります。そんな栄一をサポートする、周囲の人間たちからの悲鳴も聞こえてくるようです……。

エジソンへの誕生日プレゼント

渋沢史料館では、発明家トーマス・A・エジソンが栄一に宛てた一九二三（大正一二）年一一月二一日付の書簡を所蔵しています。

その書簡とは、栄一が会長を務めた「エジソン翁第七五回誕辰祝賀会」が、エジソンに記念品を贈ったことに対する礼状です。

同会は、欧米にならい、一九二一（大正一〇）年八月の帝国発明協会調査委員会電気部会において、翌年二月一一日のエジソン七五回目の誕生日に祝賀会を開催しようという提案のもとに組織されたものです。各界の関係者と討議を重ね、祝賀会の開催をはじめ、エジソンの小伝の頒布、発明に関する映画脚本の募集、発明発見振興基金の設立、発明発見振興のための刊行物の発刊など、いくつかの事業が計画されました。

それでは、同会がエジソンに贈呈した記念品とはどのようなものだったのでしょう。一つは、会長である栄一からのエジソンへの祝いの言葉や、発明への功績を称賛するあいさつを収めたレコード六組で、日本蓄音器商会川崎工場で吹き込んだもの。もう一つは、日

記念品の電気スタンド（『エヂソン翁第75回誕辰祝賀会報告』口絵）（渋沢史料館蔵）

本工業倶楽部での祝賀会の様子を撮影した、映画フィルム一巻です。

そして最後の一つが、卓上用の電気スタンドでした。これは、明治・大正期の日本画家、渡辺香涯の意匠による、奈良朝の懸け灯燭《とうしょく》台を模したものです。

ローソク型の電球の後ろには丸い反射盤があり、そこには金箔をいろいろな形に切って振り落とした文様の上に、古代の人物が極彩色で描かれていました。裏面は黒漆塗りで、贈呈の記念文を金蒔絵にしています。支柱の下部には竹に藤を巻き付け、上部には桐木地上下に金具が、スイッチには朱房が付けられ、金具はすべて金メッキ。高さは約九一センチメートルと、大ぶりなものでした。

当時の東京美術学校（現在の東京藝術大学美術学部）に委嘱して調製しましたが、材料の調達に手間取り、完成したのは一九二三（大正一二）年一月二〇日でした。

帝国発明協会が主体となって贈ったものだけに、ありきたりの品ではなく、エジソンの発明の功績を称える意味が含まれたものばかりでした。エジソン自身も礼状の中で、「電気スタンドは自宅に飾り、映画フィルムも愉快に観覧し、大変喜ばしいプレゼントだった」と述べています。

少し形は違いますが、こういったところにも、栄一が関わった国際交流活動の一端がうかがえます。

第Ⅳ部　産業と社会福祉・教育の推進者——ポケットにいつも『論語』を

余のごときは常に何事も論語に依って、その判断を俟つのである。すなわち怒る時、楽しい時、人と交わる時、倦怠《けんたい》の心を起こした時、心に邪念の生じた時、何時もただちに心の標準たる論語の訓言を思い、しかして、それらに適応する章句を考えて、心神をあるいはこれに決行し、あるいはこれを拘束する。しかもこの方法が非常に偉力があるもので、余をして今日あらしめた所以は、けだし論語に訓育された点が多きにおるのである。（『青淵百話・乾』六七　克己心養成法／余の経験）

自己を愛する観念が強ければ強いだけに、社会をもまた同一の度合いをもって愛しなければならぬことである。（『青淵百話・乾』三八　社会に対する富豪の義務／富豪に望む）

論語は余にとってのバイブルである。しかして、その奉ずるところは仁義道徳で、人生に存在する意義は、自己のために非ずして社会のため、他人のためであるとの強い観念は、何時《いつ》とはなしに余が頭脳中に養成された。ゆえに余は五〇年来この心をもって心となし、人生を観るの眼はあまり変わらずに来たつもりである。（『青淵百話・乾』二一　人生観／余の覚悟）

第八章　全国に残る活動の足跡

箱根に牧場を開く――耕牧舎

本章では、渋沢栄一をもっと身近に感じていただきたいという思いから、栄一が全国各地でさまざまな企業、社会公共事業、文化事業・記念事業などを立ち上げ、それらの推進に尽力した足跡をたどり、ご紹介します。

いずれも、当時の各地域に力を与え、活性化が図られる大きな要素となりました。また、今日、改めてその足跡を確認することで再び力を呼び起こすことになれば、とも思います。

はじめに、神奈川県箱根町に残る牧場開設の足跡を紹介したいと思います。

わが国の牧畜業不振を嘆かわしく思っていた栄一は、一八七九（明治一二）年、親交のあった益田孝（旧三井物産初代社長）や、従兄の渋沢喜作らと協力して箱根仙石原に牧場「耕牧舎」を開き、良種の牛馬を飼育・繁殖させました。そして、東京その他に支舎を置き、良質な牛乳、バターなどを供給。栄一が起業したこの事業のおかげで、東京の一流ホテルや箱根の温泉場などでは新鮮な牛肉、乳製品の類が提供されるようになったと言われています。

実は、この事業の目的は綿羊の飼育でしたが、仙石原の地はそれに適さないことが分かり、まずは乳牛を飼育して草質を改良し、当初の目的を達成しようとしました。一八八〇

仙石原視察（栄一の右は益田孝）（渋沢史料館蔵）

（明治一三）年三月、洋牛のメスの子牛三〇頭を米国から、和牛三〇頭を南部地方から購入。種牛は、当時の内務省勧農局に良種の貸し下げを依頼し、飼育が始まりました。

綿羊飼育は結局断念しましたが、翌年に栄一は須永伝蔵の勧めにより牧馬一四頭を購入し、牧牛の傍ら良馬の繁殖を図り、さらにハワイから種馬を買い入れました。これを成育・繁殖して、東京や横浜在住の高官、および在留外国人の需要に応えようとしたのです。

耕牧舎は、一八九〇（明治二三）年発行の「東京牛乳名家一覧」という番付表に西の「大関」と掲げられたこともありました。それでも仙石原での牧場経営は順調とは言いがたく、一九〇四（明治三七）年に須永が他界したのを機に、耕牧舎は牧畜中止を決定します。後に栄一は、益田らと仙石原地所株式会社を設立。仙石原での土地利用は、牧場から別荘地開発へと方向を転換しました。

耕牧舎で酪農経営を支えた須永を顕彰する碑が、今日も仙石原でこの足跡を伝えています。

地域振興のモデルに——札幌麦酒株式会社

栄一は、北海道でも金融、陸運、製麻、鉱業、土地開墾など、さまざまな事績を残していますが、ここでは麦酒醸造について取り上げたいと思います。

札幌麦酒株式会社の原点は、一八七六（明治九）年に開業した「開拓使麦酒醸造所」にさかのぼります。当時、開拓使庁が北海道の農業振興策の一つとして、土地に適した大麦とホップを栽培し、麦酒を醸造することを計画したのです。

まず、ドイツで醸造法を習得してきた中川清兵衛を業務担当者に据え、アメリカ種の大麦を用いて醸造を開始しました。次第に改良が加えられ、醸造高も増加。やがて東京にも出荷できるようになり、「札幌麦酒」の名が世に知られるようになっていったのです。

一八八二（明治一五）年の開拓使廃止後、この麦酒醸造事業は農商務省などの管理を経て、一八八六（明治一九）年に北海道庁が設立されると同庁の所管となります。そして、同年に大倉組商会頭取の大倉喜八郎に払い下げられました。

一八八八（明治二一）年、栄一は、その大倉喜八郎や浅野総一郎（明治・大正期の実業家）と共に、大倉組商会の麦酒醸造所を基礎として資本金七万円の「札幌麦酒株式会社」を設立、麦酒醸造業に着手したのです。栄一は委員長として社務を統括しました。

札幌麦酒株式会社として業務がスタートすると、ドイツから新式の機械を購入して設備の改善を急ぐとともに、販売については規約を改正、東京と横浜に販売店を設けるなどして、専ら販路の拡張に努めました。一方、ドイツから招いた醸造技師マックス・ポールマンによる改良も積極的に加えたため、麦酒の品質は著しく向上しました。

中川の後継技術者も、ポールマンが容易に授けなかった醸造の技術を専心会得すると同時に欧米に留学し、新知識を持ち帰って一層の改良を図ったのです。その中でも特記すべきは、一八九三（明治二六）年に製氷機が完成したことでした。従来、貯蔵麦酒などの冷却には全て天然氷を使用していたため、醸造の点からも、また作業の上からも大きな改良だったのです。

また、麦芽の製造、大麦の改良、一度途絶えていたホップの自社栽培、さらに自社でビン工場まで設けるなど、札幌麦酒株式会社は醸造原料から容器に至るまで、全て道産品で生産できるようになりました。まさに、地域振興のモデル的存在だったといえるでしょう。

東京に石炭の安定供給を――磐城炭砿会社

日本が近代化・産業化を進め、工業立国となり得た原動力の一つに、燃料となる石炭が豊富であったことが挙げられます。

石炭は、古くは『日本書紀』に登場しますが、燃料として使われ始めたのは江戸時代になってからのことです。明治初期はというと、栄一が中心となって設立し、東京・王子で一八七五（明治八）年に操業を始めた製紙業の抄紙会社の工場が、石炭を使用する唯一の工場でした。ほかには、横浜で外国人が暖炉用としてわずかに用いるのみで、いまだ需要の少ない状況だったのです。

磐城炭砿（渋沢史料館蔵）

その頃の石炭は、九州の三池ほか、二、三か所の炭鉱から東京・横浜などの京浜地区へ、船で輸送されてくるものが主流でした。一八八七（明治一〇）年の西南戦争に全ての汽船が徴発され、九州からの輸送が中断した際には、一トン当たり一〇円の時価だった石炭が一気に一一〇円ほどに暴騰。王子の製紙工場が約半年間、薪をたいてしのぐという事態に陥ると、京浜地区の工業家は「もっと東京に近い場所に炭鉱を設けなければこの先が心配だ」と騒ぎ始めました。

しかし、炭鉱経営は難業中の難業です。必要を説いても、手を出す者は誰もいませんでした。

その頃、石炭の将来に大きな期待を抱いていた実業家・浅野総一郎は、当時の磐城地方で幕末から「たぬき掘り」という手法で小規模開発が行われていた炭鉱に目を付けました。磐城産は九州産よりも質が劣っていたこともあり、それまでは少量が時折、横浜などに出回る程度でした。

志を同じくする明治の政治家にしてジャーナリストであった沼間守一《ぬまもりかず》の協力のもと、浅野が方々を説得。その結果、一八八四（明治一七）年、栄一をはじめ、実業家の大倉喜八郎などが出資して「磐城炭砿会社」が設立されました。栄一は会長に就任し、浅野は株主総代となりました。同社は後に、「磐城炭砿株式会社」として発展していきます。

当時の炭鉱は一区画五〇〇〇坪程度の広さが普通でしたが、同社は二五〇万坪の鉱区を申請。磐城地方のほとんどの鉱区を押さえ、周囲を驚かせました。栄一も最初は「あまりにも広大過ぎる」と反対しましたが、最終的に浅野の主張を受け入れました。

その後、炭脈豊富な鉱区では石炭が量産されましたが、その運搬は牛馬に頼るばかりで、京浜地区へは危険な海路を小舟で運ぶしかありませんでした。このため、鉄道の必要性を力説し、常磐線開設計画を国に持ち込んだのも、浅野と栄一です。東京に石炭を安定供給するだけでなく、「同地方の今後の発展には是が非でも必要」との強い信念からでした。

鉄道敷設願う地元を後押し——北越鉄道株式会社

一八八六（明治一九）年から一八八八（明治二一）年にかけて、現在のＪＲ信越本線の一部である、直江津～長野間が政府によって開業しました。しかし、直江津止まりとした

北越鉄道（渋沢史料館蔵）

ことによって、新潟県全域にわたる利便性を図るものとはなりませんでした。元来、最も人口が集中し、多くの産物を出荷する地域は通らず、貨物集散の要地・新潟港ともつながっていなかったのです。

そこで、一八八七（明治二〇）年三月、民間の有志者たちが全額自己資金による私設鉄道の敷設を計画。工事の監督などは政府の管理に委ね、すでに開業した路線の直江津以南と連絡して利益を寄与する代わりに、政府にも私設鉄道の維持に対して一定の保証を請うという内容で、直江津〜新潟間に鉄道敷設を請願しました。

しかし、気運いまだ熟せずといったところで、この計画は一時水泡に帰することとなりました。

一度立ち上がった新潟の有志者たちは躍起になり、東京その他の地域の有志者たちと力を合わせ、一八九四（明治二七）年、再び直江津〜新潟間を結ぶ鉄道会社の設立を発起・出願します。そして翌年一二月、ついに「北越鉄道株式会社」が誕生したのです。

その際、栄一は発起人会長として計画段階から人々の相談に乗り、会社設立後は監査役・相談役として資金調達を担うなど、同社の経営に尽力しました。

ただ、同社の運営は順調には進みませんでした。新潟地域の停車場の設置場所をめぐり、関係者の間で争議が勃発。一時は、栄一を含む役員の辞任、さらには、沼垂《ぬったり》停車場構内での爆破事件にまで発展しました。栄一は非常に心を痛め、衝突を回避するよう、現地や東京の関係者に要請しています。

一九〇〇（明治三三）年一月、栄一が推進した、新潟万代橋に停車場を設置するという案の決定をもって、争議は解決しました。和解案となった万代橋停車場の設置は一九〇四（明治三七）年に至り、ようやく実現しています。

大争議を乗り越えて敷設された北越鉄道の路線は、一九〇七（明治四〇）年には国有化され、その後、今日のＪＲ信越本線に継承されています。

栄一が新潟に残した事績はもちろん、新潟市民の北越鉄道の敷設を願う熱い思いが感じられる事例です。

地域発展のために大規模会社を——三重紡績株式会社

三重県の四日市はかつて交通の要衝であり、全国屈指の貿易地ともいうべき土地でした。しかし、明治期になっても新たな産業が興らず、港は十分に活用されていませんでした。そんな状況が懸念される中、注目されたのが綿紡績業です。綿花の購入が便利で、近接する地域に販路も広く展開できると予想され、綿糸の需用が高まりつつあったこともあり、地場産業として最適であると期待されました。

そのような思惑を受け、一八八二（明治一五）年、一〇代目伊藤伝七（明治・大正期の実業家）が、政府の払い下げを受けて四日市付近の川島村に設けた「三重（川島）紡績所」の操業を開始しました。伊藤は、明治政府が殖産興業政策の一環としてイギリスから精紡機を輸入し、二〇〇〇錘単位で払い下げて一〇か所の民営工場をつくらせるという、「十基紡」計画に応募したのでした。

ただ、思うように成績は上がらず、すぐに経営難に陥ってしまいます。何とか打開策を考えねばと、伊藤は一八八四（明治一七）年ごろ、三重県令（現在の知事）の石井邦猷《くにみち》に相談。当時、「大阪紡績株式会社」を軌道に乗せていた栄一を紹介されました。栄一も伊藤の人柄を見込んで、必ずや紡績所を成功させるだろうという思いを強め、合本組織によ

三重紡績（渋沢史料館蔵）

る大規模な会社創設と、それにまつわる援助を提案。伊藤はこれを喜んで受け入れました。
　以前から「十基紡」計画に異論を唱えていた栄一は、二〇〇〇錘規模の小さな紡績所では、製品の質にばらつきが出るのはもちろん、経済効果の面からも不利であると考えていました。そこで、先の大阪紡績の例にならい、規模を一万錘に拡大し、資本金は二二万円と決めました。
　地元にとって二二万円という大金を集めることは非常に困難でしたが、当時、第一国立銀行頭取だった栄一は、同行四日市支店長の八巻道成に資金調達を指示。一一万円は栄一自身が調達を引き受けました。栄一が自ら四日市に出向いて発起人らに説明したことも功を奏して、資金は順調に集まり、一八八六（明治一九）年の六月、「三重紡績株式会社」が設立されるに至ったのです。
　三重紡績は創業から三年後の一八八九（明治二

二）年には、三回目の増資を行うまでに成長。その年の七月に開催された同社臨時株主総会で、栄一は相談役に選ばれています。

そして、三重紡績は一九一四（大正三）年に大阪紡績と合併。「東洋紡績株式会社」が誕生し、大規模企業へとより一層発展しました。

実践論語の聖地として地域活性を――藤樹神社創立協賛会

「藤樹神社創立協賛会」は、陽明学者・中江藤樹の追慕景仰を目的に、第一期に藤樹神社の創立、第二期に『藤樹全集』の出版、そしてその他事業を行う団体として、一九二〇（大正九）年に設立されました。

ただ、これらの事業遂行に必要な資金を募ったところ、当初は思うように集まりませんでした。そこで、同会理事長が直々に栄一に面会し、支援を求めました。栄一はその趣旨に大いに賛同し、会の顧問への就任を承諾するだけでなく、金一〇〇〇円を寄付したのです。さらに、多数の財界有力者を紹介したため、最終的に多額の寄付を得ることができました。

また、本事業の遂行にはさらなる宣伝が必要であると主張する栄一の斡旋で、同年四月一〇日には、東京帝国大学文学部講堂で同大学の諸博士による講演会を開いています。こ

藤樹神社（公益財団法人びわ湖高島観光協会蔵）

のときも、講師の送迎に自家用車を貸与するなど、栄一はあらゆる便宜を図っています。

栄一が、同事業をここまで積極的に支援した理由の一つとして、中江藤樹という人物、そして彼の思想について高く評価していたことが挙げられます。当時の日本は世情が退廃傾向にあったため、それを憂えた栄一は、道徳と利益追求の一致を説く「道徳経済合一説」を盛んに訴えていました。従来の多くの漢学者が解釈・研究ばかりを重んじ、それらの教えを日常の行為とはかけ離れたものと見なしていた中で、実行・実践について適切に考える中江藤樹に、栄一は深く共感していたのです。

もう一つは、利のある場所や、徳があり人々に慕われる人物が住む場所へは民衆が多く集まり、繁盛するようになる、という考えからでした。実際に、「中江藤樹先生の住んでいた近江高島郡小川村周辺には、先生の徳を慕って多くの人が集まってきた」と聞いた栄一は、人々の精神的支柱となるべきものを中心に据え、一種の聖地とするような発想から地域振興を図ろうとしたようにも思われます。

その後、神社創建計画は順調に進み、翌年五月二一日には鎮座祭が行われました。そして今日、神社に隣接して近江聖人中江藤樹記念館が設けられ、藤樹の遺品や遺された貴重な関係資料を保存・展示しています。

水力発電で産業不振打開を――広島水力電気株式会社

「広島水力電気株式会社」創立の発端は、一八九四（明治二七）年ごろ、広島に滞在していた渡辺大蔵大臣、田尻大蔵次官、松尾主計局長、早川秘書官、阪谷主計官などが、宿を提供していた地元の豪商・松本清助に起業を勧めたことでした。

松本は、広島商工業の不振打開策として水力電気事業を起こし、広島産業界のために尽力してはどうかとの提案に応じ、地元の実業家らと水力電気供給事業の創設を決心します。渡辺、阪谷両氏の紹介によって、一八九五（明治二八）年一月中旬、松本は栄一に面会。この事業の計画について意見を仰ぐとともに、資金の援助を求めました。栄一は大いに賛同し、援助を快諾。さらに、広島付近で適当な水源地を探索すべきだとアドバイスしました。

広島水力電気（渋沢史料館蔵）

栄一の尽力により、松本は工事の設計やあらゆる機械の注文を、工学博士の田辺朔郎、藤岡市助の両氏に委託。続いて、田辺、山川義太郎の両博士による賀茂郡広村（現在の呉市）の黒瀬川での瀑布実地踏査が行われました。その結果、同川が水源として有望であることが確認でき、同年一〇月一八日、「広島水力電気株式会社」の設立が発起されました。

その後、安芸郡和庄町荘山田村・宮原村・吉浦村（以上、現在の呉市）や、広島市を供給区域と定め、一八九七（明治三〇）年七月一七日、同社は設立されました。発起人代表の栄一は、創業から一九〇五（明治三八）年までは取締役会長として、会長職を辞した後は相談役として、同社の経営を終始支援しています。

広村に建設された広発電所の工事の難航や、一八九七（明治三〇）年末から翌年にかけての金融逼迫、創立当初の電力需要の少なさなど、多くの困難に遭遇したにもかかわらず、同社は挫折することなく着々と発展。やがて、工場や家庭の電力需要も徐々に増え、経営を軌道に乗せた同社は、呉、広島地域の発展を支えるまでになりました。栄一は同社の相談役を辞職した後、「前途に危険はないだろう」と述べ、地域発展のためにも有望な会社として、大きな期待を寄せていました。

黒瀬川の広発電所から約二六キロメートル離れた広島市までの送電は、日本における長距離・高圧送電の先駆けともいうべきものでした。同発電所は後に、増設・建て替えなどによって姿を変えながら中国電力株式会社に継承され、今日も稼動しています。

初の四国で講演活動に奔走――県立松山商業学校ほか

一九一五（大正四）年の一〇月二日に第一銀行の広島支店が、同月四日に熊本支店が開店するに当たり、栄一はそれらの祝賀式に招かれました。

ところが、東京を発つ数日前に愛媛県宇和島市出身の実業家・山下亀三郎（山下汽船（現在の商船三井）の創始者）に懇願され、松山市にも立ち寄ることを約束します。栄一は各地を訪れるたびに地元の商業学校に赴いて講演などをしていますが、松山でも商業学校

山下亀三郎（山下眞一郎氏蔵，愛媛県生涯学習センター提供）

を訪ねることにしたのです。

一〇月一日、栄一は前日投宿した道後温泉の旅館を出発。伊予鉄道株式会社社長・井上要の先導で人力車を連ね、松山商業学校（現在の県立松山商業高等学校）に到着します。陶山校長の案内で校内を見学した後、玄関脇に五葉松を記念植樹。さらに、校庭に集まった生徒に対して一場の訓示を行いました。

その後は県の公会堂へ移動し、同校のみならず、県立師範学校や同松山中学校、私立北予中学校、県立農業学校、松山市立工業徒弟学校の上級生や職員など約八〇〇人を前に「教育の変遷」と題した講演を行いました。

栄一はこの講演で日本の教育の変遷をたどり、政府や役人を尊ぶ「官尊民卑」の風潮が抜けきらない現状に苦言を呈しています。そして最後に「自分の才能と経済力、世の中の変化を見据えながら、進むべき道を選ぶべきだ。さらに、今日の教育は精神の修養が不充分で道徳が駆逐されがちなので、十分注意してほしい」と力説しました。

続いて栄一は愛媛県農工銀行に赴き、この地の実業家たちに向けた「実業家の本領」と題した講演に臨みました。満場の拍手で迎えられた栄一は、幕末から明治期にかけての自らの経歴を振り返り、実業家としてのあるべき姿を伝えた後、「四国は実業家と政党との関係が深い。特に愛媛県ではその傾向が顕著で、実業家が政党の手先として使われることが多い」と戒めています。そして「実業家には実業家としての本分がある。政党と実業との境を明らかにして、それを越えぬよう心掛けてもらいたい」と訴えました。

次に松山城天守閣での同盟銀行、伊予鉄道株式会社、伊予水力電気会社などが主催する歓迎の昼食会に招かれましたが、栄一はあいさつの言葉を述べ、すぐさま公会堂にとんぼ返り。今度は、県立高等女学校や、松山済美、崇徳、技芸の各女学校の生徒、愛国婦人会員など約一〇〇〇人を前に、女子の高等教育について最後の講演を行いました。「今日では女性であっても相当の学問が必要だ」と断言する一方で、「知識のために女性特有の美徳を失わないよう、人格の修養に努めねばならない」とも述べ、降壇後は慌ただしく列車で松山駅を後にしました。

栄一初の四国・松山訪問は、ゆっくりと道後温泉の湯を堪能することもなく、講演から講演へと、慌ただしく短いものでした。が、栄一はかの地にしっかりと、その持論を根付かせていきました。

港湾設備の充実で発展を――若松築港株式会社

かつて、栄一は都市計画案を示す際、港を中心とする港湾都市を提案していました。明治初年の東京市区改正の検討や、関東大震災後の東京の復興計画に際しても「築港を第一に着手すべし」と主張、港湾設備が地域発展に果たす役割を非常に重視していたのです。そこでここでは、福岡県に残る「若松築港株式会社（現在の若築建設株式会社）」の事績を紹介します。

北九州市の若松港は、門司港と相対する一港湾です。一六〇〇年代からすでに黒田長政の計画によって運河の整備が進められたことで、地域の交通・運輸を担ってきました。そして、その後の九州鉄道敷設や筑豊石炭事業の進歩が、同港をさらに貨物運搬集散の一大要地として発展させていったのです。

同港は半島が玄海灘に突出し、その中に一大湾を包み込む形状となっていましたが、港口に小島があり、一五〇〇トン級の大型船舶の出入りに不便をきたしていました。そこで、

若松築港（渋沢史料館蔵）

このような状況を早急に改善しようと、有志が集結。石野寛平（筑豊石炭坑業組合の初代総長）など、地域の名士らによって、一八九〇（明治二三）年に「若松築港会社」が設立されました。

さらに、官僚で土木技術者でもあった石黒五十二、長崎桂の両氏に要請して同港築港の設計・測量を実施。海面を埋め立て、港内はもちろん、港外も干潮時約六メートルの場所を浚渫《しゅんせつ》して、大型船舶の停泊や、湾頭に直接貨物積載を可能とする新たな港の建設計画を立てたのです。

このとき、築港工費の予算は六〇万円。埋め立て後に得られる利益や、入港料などで償却する見込みでした。しかし、一八九二（明治二五）年には国内の大不況で資金が不足する事態となったため、同社は工事の規模を縮小、なんとか工事を竣工させました。

その後、一八九六（明治二九）年に政府が「八幡製鐵所」の設置を決定。さらなる水運の便を計るため、同社に五〇万円を交付しました。そして、水深約六メートルの水路を製鉄所の前まで通したほか、防波堤を延長する計画を定め、相当の補助金を与えました。

また、同社の中でも、資本を増加して湾の中央を広く浚渫し、さらなる大型船舶を呼び込もうという議論が発生。九州鉄道の石炭船積の工事との相乗効果によって、「若松港を国内最高の装備を整えた港の一つに」という期待が高まっていたからです。その結果、工事は無事に完了し、約二五〇〇トン級の汽船まで出入りできるようになりました。

栄一は、一八九二（明治二五）年から一九〇四（明治三七）年にかけて同社の株主にして相談役も務めました。株主の募集から経済的な援助まで力を尽くし、同社のためなら余暇の時間さえ犠牲にしたとも言われるほどでした。

そのかいあって、同社は現在も海洋土木事業のパイオニアとして、防災活動や地域交流に積極的に取り組み、大きな社会的責任を果たし続けています。

松平定信に尊敬の念——南湖神社

栄一が尊敬の念を抱いていた人物の一人に、旧白河藩主にして、天明・寛政年間の幕府の老中・松平越中守定信、すなわち楽翁公がいます。定信の善政の一つ「七分積金」が資

南湖神社立柱祭（1921（大正10）年5月5日，渋沢史料館蔵）

金源となり、栄一が運営に深く関与した東京養育院や、その他の多くの事業が成り立っていたからです。ここでは、その定信を祭る福島県白河市の「南湖神社」創立に関する事績を紹介します。

南湖神社の創立は、後に社司を務める中目瑞男が皇典講究所（現在の國學院大學）在学中、ある思いを抱いたことが契機となりました。中目は、白河に定信の遺蹟が多く残されているのに、神社や碑がないことを非常に残念に思っていたのです。

白河町では、一九一五（大正四）年一一月に執行される大正天皇の御大典記念事業の一環で、定信が庶民の憩いの公園として築造した南湖を整備しようと、浚渫工事費用一〇〇〇円（現在の一〇〇万円強）を決議しました。しかし、中目は町会議員の小出常吉とともに、翌年二月一一日に藤田新次郎町長を訪問。南湖神社創立を力説し、事業の変更を熱望したのです。藤田町長はこれに賛同し、同年二月二〇日の町会にて決議を変更。「御大典記念楽翁公奉祀表徳会」を設立して一〇〇〇円を支出することを決議し、同時に神社敷地として三二二三坪の寄付を決定しました。

中目は、栄一が東京養育院長として定信を敬愛し、年々祭典を執行していることを知り、「栄一に頼めば創立の手助けをしてくれるのでは」と面会を試みました。栄一と面会した中目をはじめとする藤田町長一行は、白河町での一連の記念事業の計画を説明。定信の遺蹟地である南湖公園の一隅での神社創立について、援助を懇請したのです。

これを聞いた栄一は最初、神社よりも大きな碑を建設することを提案しましたが、「ぜひとも神社を」との一行の願いを承諾。「それならば、当初の予算二万円を三万円くらいにして、少しでも規模を大きくしたほうが良い」と進言しました。そして、表徳会総裁への就任を受諾すると同時に、自ら二〇〇〇円を寄付。さらに、東京の有力者への寄付の勧誘にも協力したのです。その後も重ねて金一万円を寄付したほか、白河町を訪れ、「白河楽翁公について」と題する講演を行っています。

そのかいあって、一九二〇（大正九）年五月一〇日付で内務大臣より神社創立が許可され、同年六月六日に地鎮祭が行われました。残念ながら栄一は参加できませんでしたが、一九二一（大正一〇）年五月五日の立柱祭、翌年六月一一～一三日に行われた神体遷座式、鎮座祭などには参列しています。

その後も栄一は、自筆の南湖神社神札、および社標の書稿、橋本永邦筆「白桜図」と下村観山筆「紅楓図」の二面などを寄進。さらに、一九二七（昭和二）年四月八日に定信の遺徳を崇仰し、南湖神社を別格官幣社（明治政府が設けた社格制度の一つで、国家に特別な功労があった人物を祭る神社）に昇格させることを目的とする「南湖神社奉賛会」を設立。栄一は同会総裁を没年まで務めるとともに、金三〇〇〇円を寄付するなど、最後まで協力を惜しみませんでした。

品質向上に大きく貢献――富岡製糸場

二〇一四（平成二六）年六月に「富岡製糸場と絹産業遺産群」として世界文化遺産に登録後、年末には国宝にも指定されて注目を集めた群馬県の富岡製糸場。同工場の設置には栄一も深く関わっています。

明治維新後、政府は「富国強兵」をスローガンに掲げました。そして、日本の近代化を推進しようと、外貨獲得を目的に交易の活性化を推進。「生糸の輸出振興と品質向上」を目指したのです。その重点政策の一つが富岡製糸場の設置でした。

幕末の開国以後、外国との貿易事業が進展する中で、日本の最大の輸出品は生糸でした。開国以前、養蚕・製糸業といえば、農家が農閑期に現金収入を得るための手工業という位置付けでしたが、当時、業界で世界を席巻していたフランス・イタリアで蚕の微粒子病が発生。現地の養蚕・製糸業が壊滅状態となり、日本の蚕種や生糸の需要が急速に高まったのです。ただ、国内の生産が追い付かず、また、日本の養蚕家・製糸業者による蚕種、生糸の粗製乱造が続いたため、海外商社からの信用が失墜してしまいました。

この状況を重く見た政府は、一八七〇（明治三）年春、栄一が掛長を務めていた民部省改正掛（前年に栄一の提案によって民部省内に設けられた、制度改革などの立案を担当する部

富岡製糸場（渋沢史料館蔵）

局。第四章参照）に、製糸改良の検討を託しました。当時の政府内で、養蚕・製糸業に唯一通じていた栄一に一任したのです。それ以後、栄一は富岡製糸場設置に向け、後に初代場長となる従兄の尾高惇忠と共に奔走することになります。

栄一は、外国人指導者としてポール・ブリュナを招き、奥州、信州、上州の諸地方を視察して比較・研究。その結果、工場設置に最も好適として、富岡への建設を決定しました。建物は、木材にれんがを積む和様折衷方式が採用されましたが、れんがは瓦製造で名高い深谷の技術で賄い、セメントがないため、つなぎには漆喰で代用。一八七二（明治五）年七月に主要な建物を完成させました。

完成前の二月からは工女の募集も始まっていましたが、「蒸気で顔が真っ青になる」「西洋人に生き血をすすられる」などのうわさが原因でほとんど集まりませんでした。

同年五月、政府はうわさの虚偽を強調し、同月三一日までに工女募集に応じるよう促す「告諭書」を通達。それでも効果は見られず、結局、同年七月に尾高惇忠の長女・ゆうが工女第一号となったことがきっかけとなり、一〇月四日の開業までに五五人が応募。その後も順調に数を増やすことができました。規律・秩序も整い、「富岡工女」の肩書が名誉と考えられるようになったことも要因の一つでした。

工女は三年の修業年限で製糸の技術を学び、修業後は出身地へ帰って器械製糸の指導者「伝習工女」として普及に尽力。日本の近代化に貢献しました。

第九章　社会福祉・教育への熱い思い

福祉事業への端緒――東京養育院

渋沢栄一は、新しい国づくりを志す中で、社会福祉事業にも強い思いを持ってあたりました。

明治新政府は、「富国強兵」をスローガンに掲げ、近代化を積極的に推進させますが、すべての人々が、新しい社会に溶け込み、より良い生活を営めたかというと、必ずしもそのようにはいきませんでした。少なからず変化に乗り遅れ、ドロップアウトしてしまう人が出てしまいます。このような人々を犠牲にしながらも、国家目標が表面的に達成されていったのです。そうした時代情勢のなかで貧民救済などの社会事業に取り組んだ人々がいました。その一人が、栄一です。

栄一の福祉事業への端緒であり、強く傾注した事業の代表格が東京養育院です。一八七二（明治五）年、ロシア皇帝が急遽来日することになり、その対応に追われました。当時の東京が、幕府が崩壊した後、職を失った旧武士身分の人たちや行き倒れの人たちが多く徘徊している状態でしたので、そのような人たちをどこかに集めなければいけないという話になり、旧加賀藩邸の脇（現在の東京大学本郷キャンパスの赤門の脇）にあったといわれる長屋に一時期収容しました。そのことがきっかけとなり、東京府は事業をスタートさせました。

栄一は、養育院の事業が開始された一八七二（明治五）年の翌々年から運営事務に関与し、亡くなるまで約六〇年にわたって院長（当初は事務長）を務めました。月に一、二度しか養育院に足を運ぶことはできませんでしたが、事業の拡充をはかるとともに、しばしば自邸に養育院の入所者や従業員を招き、もてなしたといいます。まさに社会福祉事業家としての先駆者ともいうべき人物でした。

栄一がこのように熱い思いをもって事業にあたるようになった元をたどれば、幕末の渡欧時に学んだ慈善事業の精神に拠るところが大きいのと、今でいうハンセン病を患った村

栄一銅像除幕式 東京養育院板橋本院（1925（大正14）年11月15日，渋沢史料館蔵）

民の面倒をよくみたと言われる慈悲深い母親の影響が強かったと思われます。

日清戦争後、国内で工業化が進展したことにより、日本は豊かになった一方で、資本主義化の進行にともない、しばしば不況の風が吹き荒れるようになりました。貧富の差も広がり、養育院の入所者も増え続け、設立当時から一八九五（明治二八）年には約二倍に膨らみました。だからこそ施設・事業は拡大したのです。

こうした事態に、栄一は複雑な思いを懐いていました。「国の繁昌は増したが、それは同時に貧しい人々を増やすことでもあるのだ」という念を彼は年々深くしていったのです。栄一の尽力によって、多くの困窮者が救われましたが、社会政策はこの時代、まだ非常に限定的なものでした。

商業教育の高等化をめざす

国造りのためには、その担い手となる人を作らなければいけないということで、栄一は教育事業の整備にも取り組みました。

国による教育制度の整備が進む中、栄一は、特に当時、高等教育とは無縁なものとして片隅に追いやられていた商業教育と女子教育の重要性に着目し、商業実務や女子を対象とした民間の教育事業発展のために尽力したのです。ここでは、なかでも実業教育・商業教

商法講習所の授業風景（渋沢史料館蔵）

育への関わりの一端に注目してみたいと思います。

明治の新たな世になったといえ、未だ江戸時代以来の商業・商人への蔑視観は拭い去れず、商人は読み・書き・そろばんさえできればよしとする風潮が残っていました。一方、国として富国策がとられ、商業の重要性にも目が向き始めていくようにもなりつつありました。

そのような中、駐米日本代理公使を終えて帰国した森有礼（後の初代文部大臣）が、一八七五（明治八）年にアメリカのビジネススクールの形態をまねて始めた私塾「商法講習所」を、森自身が清国公使として赴任するに際し、東京会議所で引き受け、学校経営にあたることになったのです。

同会議所の会頭を務める栄一は、その経営の任に当たり、実務能力を向上させるだけでなく、グローバルな視点で経営活動を行える人材の養成を求めていました。やがて農商務省から文部省へ管轄を変え

東京高等商業学校（渋沢史料館蔵）

た東京商業学校から東京高等商業学校へ、さらに東京商科大学へと導き、商業教育の向上、高等化への道筋をつけたのです。そして今日、一橋大学として立派に受継がれています。

ただ、その道筋は決して容易なものではありませんでした。一九〇〇（明治三三）年に行った栄一の「予てから高等商業学校を大学に進めたいという念願を持っていた」とする講演をきっかけに、同校は大学昇格運動を進めることになります。

また、一九〇七（明治四〇）年に帝国議会は商科大学設立の建議を可決し、一九〇九（明治四二）年には一分科の大学も認めるよう大学令改正の勧告を出し、商科大学設立の機運は高まりをみせます。そのような中、学生等は商科大学設立請願書を文部大臣並びに貴・衆両院議長に提出しようとして、松崎校長に託しましたが、校長がこれを拒絶したため、校長の排斥運動を起こしました。

この事態を憂慮した栄一は、学生大会に出席し、学生達を慰撫する演説をするとともに、学生等の善後処置を栄一に一任してもらい、終息に向かわせましたが、文部省は却って東京帝国大学法科大学内に経済科を新設することを理由に高等商業学校の専攻部廃止を決断します。憤激した学生等は、今度は総退学を決行しました。

栄一は改めて学生大会に出席し、主張の貫徹に関して一任してもらうことと、学生が無条件に復学することを諭しました。結局、専攻部廃止は六年延長され、一九一二（明治四五）年三月に至り、廃止令は撤回されたのです。

このように、幾度かの危機を乗り越え、栄一の商業学校を大学にまでに昇格させるという思いを実現させましたが、さらに言えば、将来を見据えた人材育成の基盤整備の端緒でもあったのです。

女子教育への思い

栄一が教育事業の整備にも取り組んだことは先にお伝えしましたが、ここでは、特に女子教育への関わりと、栄一の女子教育への思いを紹介してみたいと思います。

栄一が関わった女子教育の代表的な実践としては、まず、鹿鳴館時代にあって、社交界で通用する女性の育成を目指した「女子教育奨励会・東京女学館」があります。一八八六

(明治一九)年に伊藤博文等と創立し、一九二四(大正一三)年には館長に就任しています。
そして、一九〇一(明治三四)年創立の「日本女子大学校」です。創立の際に成瀬仁蔵に協力し、その後の運営にも積極的に携わりました。亡くなる半年前には校長に就任しています。

学校式典での挨拶や講演等の中に栄一が描く育成すべき女性像と、その女性像を育成する教育自体への期待といったものを垣間見ることができます。栄一が行った女子教育に関する講演内容を少し整理してみましょう。

まず最初に取り上げるのは、日本古来よりの所謂「良妻賢母」といった女性像です。なるべく優美で、柔和で、緻密であり、貞節や貞操といった婦徳をもっとも大切にしなければならないものと説明するのです。そこから多弁や知識を有することは徳を損するものであったことを紹介しています。

次に取り上げるのは、アメリカ女性と日本女性との行動・慣習の対比で、お互いの長所・短所についてです。謙遜、辞譲、思いやりということでは、日本人が勝れており、アメリカ女性の我欲の強さ、不遠慮な振る舞いは余り学びたくないとしています。ただ、日本女性のあまり遠慮すぎるということも決してよくないとしています。

そして次に、女性も自己発展の覚悟を持つ必要性についてです。歴史・地理、物理・化学、経済、衛生など新たな教育制度を設けて、女性に対して高等教育を与えることの必要

日本女子大学校校長就任挨拶（1931（昭和６）年６月22日，渋沢史料館蔵）

理由を説き、また、家庭内での消費経済に関する知識にとどまることなく、殖産経済についても相当な知識を持たねばならないとしています。

最後は、高等教育を受け、豊富な知識を身につけるのはよいが、生意気であるとか、才女となることを戒め、知識が増すに比例して婦徳も増すことを望んでいます。

つまり、栄一の望む将来の女性像としては、国際化へも対応する「知識ある良妻賢母」という像が浮びあがってくるのです。そしてそのような女性を育成するための教育環境を望んでいたのでした。

公民教育と小学校教育の大切さ

栄一は当時の「教育」そのものに対してどのような思いを持っていたのでしょうか。

まず、小学校教育の重視です。日本の教育が高等教育に重きを置き過ぎて、小学校が不完全であることが根本的に間違っているという考えです。

学制に基づいた国民教育が整備されているとはいうものの、軽んじられていた小学校の教員等の処遇に関し、将来国の重任を負う生徒の大切な時期を教育する教員等には相応の待遇をすべきとし、同時に、教員に対しても薄志弱行の人であってはならないとしており、これらの点から小学校教育を重視してもらいたいと望んでいました。

次は、個性の尊重です。自分ということを考えずして、ただ学問をやりさえすればどうにかなるという風潮を憂えており、自己の将来に適した学問をすることを望んでいます。明治初年の教育の制度化が、欧米のものをそのままに取り入れた玉石混淆のもので、教育が多数の者に一様に施され、画一的になり、所謂平均論からは良い結果を得ましたが、個性を尊重するという点からみると余り面白くない結果を来したとしています。個性を発展せしめないから、皆中途半端になり、所謂帯に短く襷に長しというようなものになるきらいがあると指摘するのです。

個性という意味では、人に対してだけでなく、その地域・地方に適切なる教育を求めてもいます。地方・地方によって教育の実状も自ら相違するであろうから、それぞれの土地における実際に役立つ実用の教育が重要であるとするのです。

そして最後は、教育が理論を重視し、実際を軽んずる傾向にあることを遺憾だとする点です。この弊は何処にでも見られるが、とりわけ農村子弟のように、農業の実際に疎く、とかく理屈に走る結果、働くことをせず惰眠を貪るようになる状態にあるような風潮にあるのは大きな間違いで、このような点も確かに現代教育の弊害であると指摘します。そして、この点については実際的農業教育の力によって全うし得るものであると信じています。

当時、実際教育を施すことを「公民教育」、施す機関を「公民学校」と言ったようですが、公民学校においては真の実際教育を施して、些細な理屈を知ったからといって遊食し、

青淵図書館（埼玉県大里郡八基村）（渋沢史料館蔵）

徒に自己を売って歩くような人間を造らず、他の教育と相俟って実際に役立つ人を造るようにしたいとしています。

　栄一の故郷・八基村《やつもとむら》（現在の埼玉県深谷市）でも、農村に近代文明の応用をしようとする方針を打ち出し、折にふれて公民教育を起す要があると唱えられていましたが、栄一も大いに賛同し、栄一の寄付で「青淵図書館」が設けられ、公民学校が成ったということです。

　栄一はさらに、科学的知識も必要ですが、身体の健康と同時に意思の健康、精神堅固な人を育てるべきと感じていることを付記しています。

育英事業にも尽力

栄一は、人づくりの面で、人を育てる環境整備を考え、育英事業にも目をむけていました。

最初に紹介するのは、埼玉学生誘掖会《ゆうえきかい》です。栄一は、埼玉県出身の人たちの相互関係をうまく結びつけていこうとして設立された埼玉学友会の顧問を務めていましたが、同会の委員会で「埼玉出身の学生たちに、もう少しより良い環境で学問に従事してもらいたい」ということで、修学を奨励すると同時に監督すべき会として、埼玉学生誘掖会の立ち上げを提案しました。出席した委員からは直ぐに賛同を得て、一九〇二（明治三五）に設立され、初代の会頭に就任するのです。

設立された二年後に市谷砂土原に寄宿舎を設けて、そこに埼玉出身の学生を寄宿させました。今でこそ交通機関が発達し、埼玉県内どこからでも東京への通学は可能ですが、当時の交通事情からは、特に県北からの通学は簡単に出来る状況ではなかったので、その不便を解消するために寄宿舎を提供したのです。入寮した学生への人間教育にもあたっています。

就学者に諸般の便宜を与えるという意味では、就学資金を援助する制度も設けていまし

埼玉学生誘掖会第一寄宿舎（1902（明治35）年，渋沢史料館蔵）

た。優等生を表彰するとか、奨励するということも行っており、親睦を図るための会合も開かれ、栄一も進んで出席していたのです。

栄一が関与した他の育英事業を探ってみると、一つは、一八八五（明治一八）年に創立された「財団法人静岡育英会」です。当初は旧幕臣の子弟育英にあたっていましたが、一九一七（大正六）年に規則を改正し、事業の範囲を広げ、静岡県人の子弟に広げ、栄一に顧問を委嘱しています。栄一自身がしばらく静岡に身を置いたからであろうと思われますが、翌年、その依頼を受けて顧問に就任し、資金面等で援助をしました。

次に、栄一の長女・歌子が嫁いだ穂積陳重という法学者が自ら基金を立ち上げて、一九〇五（明治三八）年に設立された「穂積奨学財団」があります。栄一は、同財団に二〇〇〇円の寄付をし、設立祝賀会に際して「ひじょうにめでたい」と祝辞を述べています。穂積没後の一九二六（大正一五）年には、穂積の学徳を伝えるため当財団の資金増補募集に応じ、栄一および渋沢同族会より一万円を寄付しています。

そして、一九二四（大正一三）年に設立された「日下奨学財団法人」の理事および評議員に就任し、没年まで関係しています。これは、日下義雄という第一銀行の取締役を務めた人物の遺志に基づいて設立された財団で、奨学資金の提供を行っていました。

最後は、大川平三郎という人物との関係で「財団法人大川育英会」が一九二五（大正一四）年に設立認可を受けていますが、同財団の顧問に就任し、没年まで務めました。当財団は、当初四〜五年の間は、学費を給与していましたが、学生の依頼心のみ起こり、勤勉努力の風を削ぐ恐れがあるとして貸費制度に変更しています。

以上のように、奨学資金等の就学を援助する団体に関与し、没年に至るまで、より良い就学環境を整備するために尽力しました。

学術の振興支援

世の繁栄を願う栄一は、学術振興にも尽力しました。学術の世界といっても幅広いですが、ここでは、理化学研究所（以下、理研とする）設立を事例に、理化学面の振興への思いを探ってみます。

そもそも理研を設立するきっかけとなったのは、一九一三年（大正二）年、米国より帰国した高峰譲吉が、「日本の工業は、世界列強に比べて、今なお幼稚で、機械工業は漸く進歩したようであるが、化学工業に至っては、誠に貧弱である。今後世界の進運が電気及び化学の産業的勢力に待つところ大なるものある以上、日本も、大いにこの方面に発展の道を講じなければならない」。また「日本人は、模倣に長じてはいるが独創力に乏しいという弊がある。この模倣性に富んだ国民の傾向を一転して独創力に富んだものとするには、純粋理化学の研究を奨励するより他に道が無い」として、理研設立の必要を栄一に説いたことにありました。

栄一も日本で最も欠乏しているのは化学上の発明であると考えていました。年々莫大な正貨が海外へ流出するのも、外国の高価な発明品を買うからであり、輸入を防遏し、輸出を盛んにするには、その根本に溯って理化学の発明を盛んにしなければならないと常に考えていたこともあり、率先して協力しました。

当時、政界・財界の人でこれを本気になって聞く人がいなかった中、栄一が真先に、しかも熱心に高峰の説に共鳴し、自ら陣頭に立って有志の間を説いて廻ったので、その甲斐あって理研が誕生出来たのです。科学というものとは縁の遠そうな栄一の達眼によって産れたと言っても過言ではありません。

以後、学界・官界・財界が一体となり、研究所設立にむけて議論を繰り返しました。栄一も設立委員会特別委員、発起人、創立委員長を務め尽力しています。その結果、一九一七（大正六）年に皇室からの下賜金、政府からの補助金、民間からの寄付金を基に我が国の産業の発展に資することを目的に「財団法人理化学研究所」が設立された経緯があります。設立後も栄一は、評議員、副総裁、そして理事となり没年まで務めています。

その理研および理化学研究に対して栄一は、「世間には往々にして、直ちに効験あらわれることを期待し、理研が急速に国家の理化学工業に貢献することを望むようになるであろうが、理研の企図する処は、独創的学者を造ることにあって、この目的を達成するには、一朝一夕にしてその効験を得るような性急なる態度をとってはならない」という思いを

高峰譲吉（渋沢史料館蔵）

もっていたのです。

栄一は、理研が設立された後も時々訪ねては色々意見を述べました。ある時は鈴木梅太郎博士の講演をわざわざ聞きに行き、その後で「養蚕家が今少し科学に着目しないといまに人絹に駆逐されてしまうだろう」といってその研究を理研に促したこともありました。一時の思いつきでなく、亡くなるまで終始熱心に援助したのです。

栄一という人は、国家のために有用と認めたものに対しては、新しいものでも旧いものでも常にその長所を認めて、これを伸ばすために活眼を開いていました。

歴史・伝記編纂——時と場所を超えて受け継ぐ

栄一が残した事績の中で記録資料に対する考え・意識が見出せる事業として、歴史編纂・伝記編纂への関与の一端を具体的な事例として『徳川慶喜公伝』をあげ、紹介します。

栄一は、とくに恩義を感じ、尊敬していた人物の一人だからだけでなく、徳川慶喜が恭順の意を表して大政奉還に至った史実を後世に受け継ぎたいという思いから、慶喜の伝記編纂を考えました。慶喜が存命中には絶対刊行しないという約束がされたので、慶喜の没後少し経て刊行しています。

最初は福地源一郎に託し、家康以降の徳川の時代の中で慶喜の時代を残していこうと、当時、東京・深川にあった栄一の屋敷を編纂所として外国の資料も含めた資料収集にあたりました。ただ、残念なことに福地自身が病没してしまったことから、一度仕切り直し、新たな伝記編纂をすることになりました。

東京大学歴史学の三上参次教授から紹介された歴史家・萩野由之のもとで資料収集をやり直し、渋沢栄一著になるのですが、実際には東大の国史学の教授のもとに編纂が成し遂げられたのです。

資料蒐集と同時に、今でいうオーラルヒストリーが行われ、記憶を記録化しようとしていました。『昔夢会筆記《せきむかいひっき》』としてまとめられますが、『徳川慶喜公伝』編纂事業の中で聞き取り調査事業も行われていたのです。

実は、深川より東京・飛鳥山に移った渋沢邸内には、栄一が一九二〇（大正九）年に傘寿を迎えた祝いと、男爵から子爵に昇格した祝いということで、竜門社（現在の公益財団法人渋沢栄一記念財団）の会員が寄付を募って、贈った書庫・青淵《せいえん》文庫があります。栄一は、書庫を貰えるのであれば、自らが蒐集してきた漢籍類を収めて、晩年は自らの勉学の場所としたいと思っていました。さらに、『徳川慶喜公伝』を編纂するにあたり、収集した資料をそこに収め、それを後世に受け継ぎ、また閲覧に供するような形に整えておきたいということを考えたのです。

ところが残念なことに、完成間際のところで関東大震災が起こりました。その際に、日

徳川慶喜公伝（渋沢史料館蔵）

本橋兜町にあった事務所に残していた資料が事務所の崩壊とともに火災に遭い、事務書類はじめ収集された『徳川慶喜公伝』の資料等とともに焼失してしまったのです。青淵文庫自体は、震災後、最新の耐震構造がはかられ、一九二五（大正一四）年竣工に至るわけですが、授与式にてそれを栄一は非常に悔んだ挨拶をしています。

　その他の歴史・伝記編纂事業の事例からも見えてくるのは、栄一は、時代の重要事象を世に受け継がせていきたいという思いをもっていたということです。公のために記録を活字化して書籍という刊行物によって残された資料を公開するというような考え方を持っていました。また同時に、記録をいくつかに分散させていろいろなところで見られる、活用してもらえる環境づくり、そして、いざ元の資料がなくなった時も情報として受け継がれていくということに頭をめぐらせていたということです。

演劇界にも貢献

栄一は、古希を迎えた一九〇九（明治四二）年、従来関係した多くの会社役員を退きましたが、その際、第一銀行を中心に数社は省かれていました。その内の一つに「帝国劇場株式会社」（以下、帝劇とする）があります。同社は一般営利会社とは異なり、また、完全に成立させることの必要性を感じ、同社重役及び株主等の懇請を受け入れ、引き続き取締役に列し、会長の職に留まったのです。

「芝居などの分かる人間ではない」と新聞で評されたりしましたが、自らは「多少芸事が解る」、「若い時分に芸者から教えられたので音楽は少し解る」といった旨を自負する栄一が帝国劇場の経営に関与した原点を探ってみると、一八八六（明治一九）年、末松謙澄が主唱した演劇改良会と、一八八八（明治二一）年に組織された東京改良演芸会友楽館で目指したものの実現であったと思われます。

明治中期の演劇は、歌舞伎が中心で、外賓接待の場として劇場を用いることなども思いつかない状態でした。これをあらためる必要から前記二つの事業が発起され、栄一も理解を示し支援しましたが、結局、いずれも失敗しました。それが、日清・日露戦後、日本が

完成せる帝国劇場（渋沢史料館蔵）

国際的に注目されるようになるにつれて、欧米風劇場新設の声が高まり、伊藤博文、西園寺公望等の後援もあって、栄一を設立委員長とした帝劇発起人会が開かれるに至ったのです。

例えば、一九〇五（明治三八）年、英国のコンノート殿下が来日した時、歓迎会を催して歌舞伎座へ招待しましたが、それまでは電気がなかった歌舞伎座に急遽電気装置や舞台装置を施したため、途中で電気が、二、三度消えたりしたという状況でした。これに感じて、外賓を迎えても恥ずかしくない劇場を建てたいという事になったのです。また、簡単に観劇出来ない古い習慣を排除しなければならないという動機もあったといいます。

そして、帝劇は、女優・川上貞奴が申し出た女優の養成事業に賛助しました。創立された帝国女優養成所の開所式で、栄一は「従来世間から賤しめられていたものが三つある。一つは私の様な商人で、次は女子と俳優だ」とし、「ただ、日本でも商人は、実業家として社会的地位を得るようになったので、日本の婦人も芸術方面なり、その他各方面にむかって独立独歩し、大いに活躍してほしい。慣習上、軽んぜられた女子であって、しかも別階級の如く社会から見なされる俳優を兼ねた女優の立場は、実に困難であるが、興味ある事ゆえ、一層身を謹み、斯道にはげまれたい。自分が保証人となろう」と旧来の弊習を打破しようとする思いが伝わってくる挨拶をしています。

その後、その帝国女優養成所は、帝劇に引き継がれ、附属技芸学校と改称しました。一九〇九（明治四二）年七月、栄一は、帝劇直営の同校総長に就任します。女優たちに取り囲まれる栄一の姿をみた栄一夫人が「女優学校の校長さんまで引き受けなさるとは物好きだ」と笑われたとか……。そして、同校から森律子、村田嘉久子などの立派な女優が育ったのです。なお、女優同様、舞台前面のオーケストラ・ボックスで演奏する奏者も養成しました。

神社・寺院への関わり

栄一が関係した事績の中には、神社・寺院への関わりもあります。その関わり方の一端を、明治神宮創建の事例からみていきたいと思います。

一九一二（明治四五）年七月三〇日、明治天皇が崩御されました。その翌日に、日本橋区の柿沼区議会議長が栄一の事務所を訪れ、日本橋区民の意を汲んで、これまで御陵が関東にはないので、この度は御陵を関東に留めさせるよう図ってもらいたいと依頼しました。栄一も、その事実に気づき、早速、阪谷芳郎東京市長、中野武営《たけなか》東京商業会議所会頭に相談し、話を進めました。首相や宮内相からはほぼ合意は得られましたが、原敬内務相から、既に御陵の場所は、明治天皇自身が選ばれた京都伏見桃山に決まっていることが伝えられます。

それならば、御霊《みたま》を祀《まつ》る何か代わりのものを築くことを発案し、東京市民三〇〇人程にて明治神宮造営の「奉賛有志委員会」を設立させ、栄一はその代表として、他の財界人なども招き入れて議論を重ね、神社創建の方向性を導き出しました。

今度はその神社をどう形づくっていくのかを調査する「神社奉祀調査委員会」を立ち上げました。まず設置場所として、富士山、筑波山など四〇か所ほど候補に上がり、調査・検討の結果、やはり東京でということで、現在の場所に決定したのです。

その後の議論によって、社名、社格、御神宝などが決められていきました。建物の造りについても検討され、建築形式は流造にして、非常に雄大な様式にて造るべきとしました。材料は檜の良材をもって素木造とし、装飾はわが国の歴史の域を抜くようなものとしてまとめています。

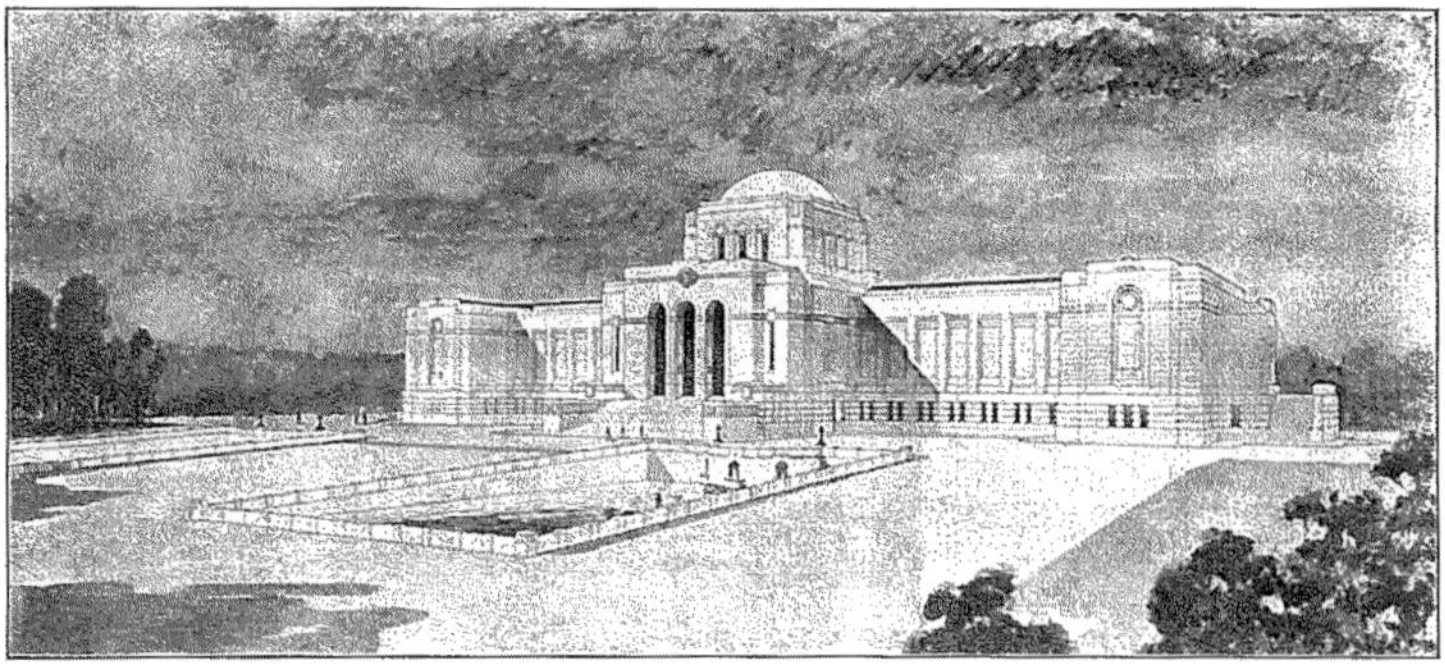

聖徳記念絵画館計画図（『明治神宮奉賛会通信』第58号附録）

内苑は、杉・檜三〇万本を植樹し、天然の風調を失わずした神の森林をつくろうとしました。参道は、車道と歩道とを分け、常緑樹の並木を連ねて叢雲《そううん》な見た目を成すようにしました。さらに、境内の保護については、煙害、砂の害、火災を防ぐために、周囲二里半（約九・八キロメートル）において土塁を築き、その上に、なるべく葉の広がる樹木を植えようということまで決めています。

外苑については、国民の意思をもとに、後述の「奉賛会」でまとめて造っていくべきとしました。

その後、これまでのように東京を中心としたものではなく、全国規模の団体・明治神宮奉賛会を立ち上げ、栄一は副会長に就任しました。主に民間の人達からの予算を獲得する役割を担って、浄財集めに全国を奔走したのです。

内苑は国費で賄い、外苑だけを民間の費用によって賄うべきとし、各地の実業家達に説いてまわりました。その中で栄一が説いたのは、「自分は、ただ単に信仰対象とした神社を造ろうとしているのではない」ということでした。明治天皇という存在と、その聖徳の意を表すものを設け、それを長く後世の人達にも語り継いでもらうものとして設計しており、そのための浄財集めなのだというものでした。

外苑には絵画館や野球場、競技場、プールなど、国民の憩いの場を設け、その中で、人々に明治天皇に触れさせる機会を作ろうとしたところが感じられ、栄一の明治神宮創建への思いが垣間見えます。

第一〇章　『論語』、人生の範

『論語』との出会い

渋沢栄一は自らが述べるように、自身の行動規範、人生の規範としていたのは『論語』でした。本書のおしまいに、栄一と論語の関係を見ていきたいと思います。はじめに、栄一と『論語』との出会いを紹介したいと思います。

明治維新前における教育は、主として漢文で書かれた書籍によったものでした。栄一の郷里など農村地域では、一般的に農業の妨げになるとして、四角な文字は読むものでないとされていました。ただ、上層の家では、教養を身に付ける必要から読書を授けられていたのです。

当時の学問は、主として儒教の経典の中でも特に重要とされる古典である四書・五経によるものでした。しかし、難しいということもあり、特に少年に対しては、初めに伝統的な中国の初学者用の学習書だった『千字文』『三字経』といったものを読ませ、それが済んだところで四書・五経に移り、文章物はその後になってからようやく教えたのでした。『文章軌範』（唐宋の古文の名作文章を選び集めたもの）とか『唐宋八大家文』（中国の唐代から宋代の韓愈を筆頭とする名文家八人の文章を選び集めたもの）といったものを読み、歴史物の『国史略』（江戸後期の歴史書）、『十八史略』（中国の初学者向けの歴史読本）または

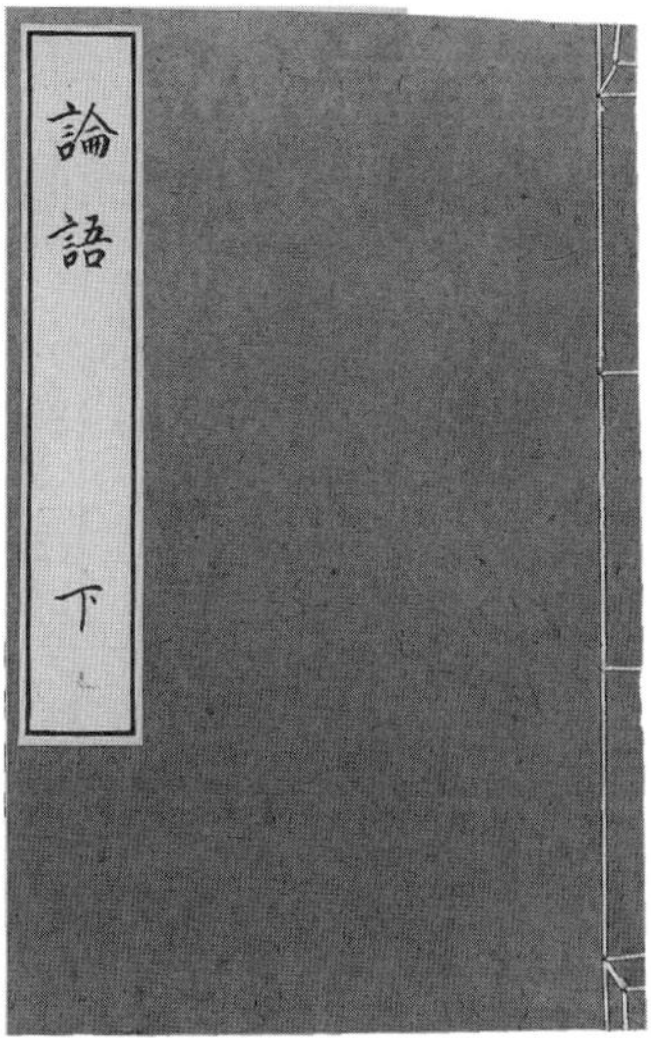

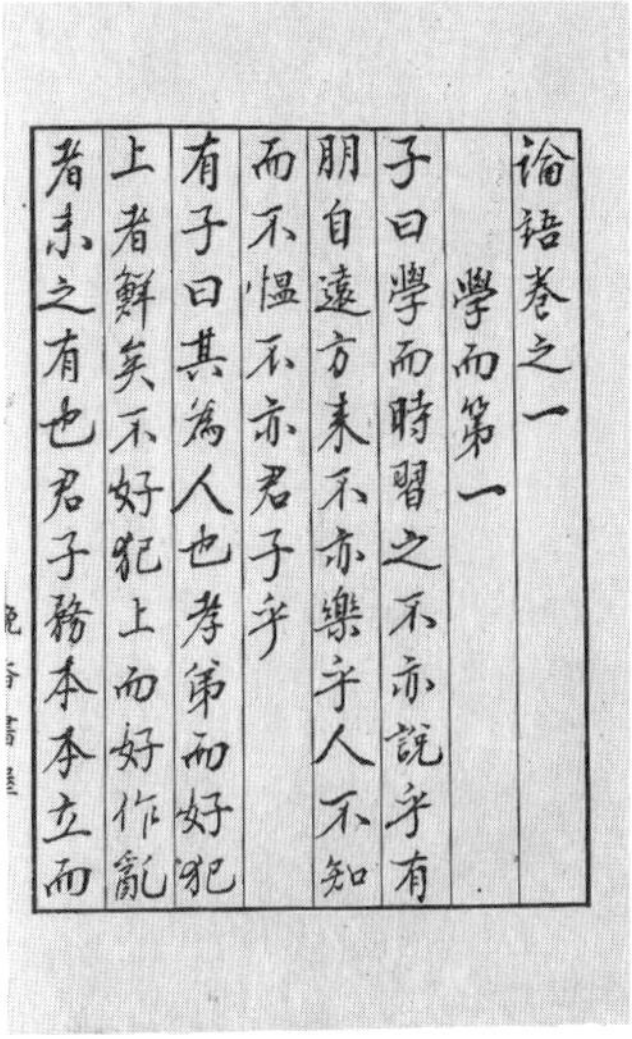
論語巻之一
學而第一
子曰學而時習之不亦説乎有朋自遠方來不亦樂乎人不知而不慍不亦君子乎
有子曰其為人也孝弟而好犯上者鮮矣不好犯上而好作亂者未之有也君子務本本立而

渋沢栄一書『論語』上・下（1882（明治15）年，渋沢史料館蔵）

『史記列伝』（司馬遷による『史記』の人物伝部分）といったものも、この間に学びます。『文選』（中国南北朝時代、南朝梁の昭明太子によって編さんされた詩文集）でも読めるまでになれば、それで一通りの教育を受けたこととされたのです。

第四章でも述べましたが、栄一は五歳ごろより、まず実父より『三字経』を、そして『大学』『中庸』『論語』の一節まで教えられました。

一年ほどたったところで隣村の一〇歳年長であった従兄の尾高惇忠のところへ通い、『大学』『中庸』『論語』『孟子』などの四書を教えてもらうことになりました。このあたりが、栄一が論語に親しむに至った発端といえます。

ただ、元来『論語』好きの父親は厳しい人で、栄一は子どものときから、少しの失策でもすれば、すぐに『論語』を引き合いに出されて叱り付けられたそうです。こうしたことからすると、実際に『論語』を教えてもらう前から栄一の頭には『論語』が入っていたのかもしれません。

尾高惇忠は、江戸時代の諸国遊歴の儒学者であった菊地菊城という漢学者に就いて学んでいたのですが、その菊地は、栄一が一四、一五歳のころには月に何回か尾高の家へ来たので、栄一自身も都合三四回は菊地の講義を聞いたということです。

はじめは文字の真義などは一向分からない状況でしたが、後に面白みが生じて読みも達者になり、そうなると講義を聞くたび、しきりに質問するようになっていったそうです。

なぜ『論語』を選んだのか

次に、栄一はなぜ『論語』を選んだのかについて探っていきたいと思います。

『論語』と出会い、理解を深めていった栄一ですが、二五、二六歳ごろまでは、ただ難しい本と思って読んでいただけで、別にその教えを日常の行状に引き付けようとまでは考えなかったようです。その栄一が、真に『論語』を行状の規範にしようと考えを起こしたのは、明治政府を辞めて実業に身を委ねることにした時としています。

栄一は幕末の渡欧を経た後、国を富ますには商工業を隆盛させなければならないと信じていました。商工業を隆盛させるには、小資本を合して大資本とする合本組織、すなわち会社仕法に拠らなければならないと考え、この方面に力を注ぐことにしたのです。

その会社経営には、まず会社の当事者たる人を得、事業を失敗させずに成功しようとすれば、その人をして拠らしめる規矩準縄《きくじゅんじょう》（物事や行為の基準になるもの）がなければならないと気が付きました。そこで『論語』を選び、その教訓に依って商工業の発展に努めたのでした。では、なぜ『論語』を選んだのでしょうか。

『論語』を人生の規範としていたと自ら述べる栄一ですが、そもそも孔子の教えを遵奉《じゅんぽう》していた中で、強いて『論語』にだけに拠り、『大学』や『中庸』といったものにはなぜ依拠しなかったのかという疑問の念が拭い去れません。そのあたりのことについて、栄一自らが次のように述べています。

「『大学』は、その冒頭にも『古の明徳を天下に明にせんと欲する者は、先づ其の国を治む』とあるように、天下国家を平定に治める道を説くのを主眼とし、それから逐次一般庶民の修身に及ぶようになっており、どちらかといえば、政治に関する教訓が主である」としています。

そして『中庸』に関しては、「その説くところが一段高い立脚地に立って観察した意見が多く、『中和を致せば天地位し万物育す』などの句があるほどで、どちらかといえば哲学的であり、一般庶民の修身の道には少々遠い感がある」としています。

しかし、「『論語』になると、ことごとく日常の処世の実際に応用し得る教えとでも言うべきもので、朝にこれを聞けば夕べに直ぐ実行することができる道を説いている。殊に郷党篇のごときにおいては、朝起きてから、夜寝るところまで、飲食衣服のことから日常の身のこなし・立ち居振る舞い、行儀についてほとんど漏らすところが無いくらいであり、これらの点から、私が孔子の教えを遵奉するに当たり、『大学』『中庸』に拠るのではなく、特に『論語』の言葉を心にとどめて忘れないように心掛け、これに背くことにならないように心して事に当たることに努める所以である」としています。

栄一は、『論語』の教訓を守って暮らしさえすれば、人はよく身を修め、家を安泰に導き、心から願う大過無き生涯を送り得られるものと信じていたのです。

孔子の遺訓を継承

一九二二（大正一一）年に栄一が著した『実験論語処世談』の中で「偉大なる孔子の遺訓」とする原稿がまとめられました。収集した『論語』が約一〇〇〇種類と紹介され、『論語』の遺訓はその本元である中国においてはもとより、伝播した日本においては皆が知るようになり、さらには欧米にまで広範に行き渡っているとしています。

栄一の長女・歌子の婿である穂積陳重が栄一のために、古来より刊行されてきた各種の『論語』を収集していましたが、世に出された『論語』は非常に多く、支那（中国）版・朝鮮版のみでも数百種に上り、日本でのものだけでも枚挙にいとまがないほどでした。

支那（中国）版でも、古論語・斉論語・魯論語の三種類があり、多く魯論語が出回る中、時代によって宋版とか元版とかいうふうになっていました。注釈書も、古注とか、集註とか、義説、義証、義註、集解、演義、衍言、衍説、音義、訓釈、啓義、諺解釈義とこれまた種類が非常に多いのです。

日本での古本にも論語解釈とか、論語古義とか、論語分類とか、あるいは論語要義、集成、集説、時習、鈔説、精義、通解など多くの種類がありました。一般の人たちに向けても『ダイヤモンド論語』とか、『ポケット論語』『ノート論語』、あるいは『英漢和対照ポケット論語』『リットル通俗論語』などというものが出回っていました。

このほかにも各国語に翻訳され、キリスト教信者さえ読んでいる様子からして、孔子の遺訓がいかに全世界に広く伝わっているか図り知れません。孔子の教えが尊重すべき価値あるものであることを知るに足る一つの証拠であると思います。

中国歴代の国王は、孔子に対して非常に敬意を払っており、いたるところに孔子廟《びょう》が見えます。唐の時代には、孔子に「大成至聖文宣王」という称号を贈ってあがめるなど、一層孔子に対する尊敬の念を高めた国王もおり、孔子の遺徳がいかに世の中の人々の心に大いなる影響を与えているのかが分かります。

前述の通り、栄一は娘婿の穂積陳重に委嘱して各種の『論語』収集を行っていますが、その中で絶えず持ち歩いていたのが、『ポケット論語』（一九〇七（明治四〇）年一二月二〇日、博文館発行）でした。

例えば、一九二四（大正一三）年一〇月二〇日、埼玉県商工会連合会での「第一回優良店員表彰式」にて講演をする中で、「私がかように『ポケット論語』を持っております」と言い、まさしくポケットから取り出して、皆に見せています。この時、栄一は常に携えていることをアピールし、「これは今日皆さんに見せるために持ってきたのではありません」と述べ、会場の笑いを誘っていました。

また、栄一は子や孫を集めて論語会を開催し、講義を行っていましたが、子や孫にもこの『ポケット論語』を贈っていました。栄一の継承者である孫の敬三も祖父から贈られたこの論語を手に出席していたのです。

渋沢栄一流『論語』の読み方

栄一は、孔子の言葉を日常実地に行ってみる精神で、『論語』を読んできたと言っています。普通、学者たちは、考証的または学理的に研究しますが、『論語』の精神に触れ、熟読玩味してその精神を直ちに躬行《きゅうこう》しようという面は、おろそかになってしまうことが多いように感じていたのです。栄一は、あくまでも学者が『論語』を研究するように考証的には読まず、あくまでも、『論語』の文字の上に孔子の精神が現れたところを忖度《そんたく》して読むのが、栄一の『論語』の読み方でした。

孔子の教えは、元々、学問と実際とが極めて密着したものでした。学問といっても皆実学で、学理と行いに少しの区別もなかったのです。

ところが、宋の時代になって学者たちが『論語』を全く一種の文学宗教のようにしてしまったのです。その日その日に、その人々の行いを書いたのが『論語』だったのですが、後世の人は、これを誇張して一種の聖書のようにしてしまったのでした。孔子は、直接身に行うことだと教えていますが、これでこそ『論語』が日常の教訓として尊き値打ちあるものとなるのです。栄一は、『論語』を聖書のごとくに取り扱って考証的に研究するに至ったのは、一種の弊害に陥ったものだと思っていたのです。

さらに栄一は、孔子の教え方について次のように思っていました。まず、西洋などの哲人のように「これはすべきでない。このようにせよ」といったように決めつけて言うことをせず、常に自ら謙遜して「人はこのようなごときもの」「このような場合はこのようにすべきもの」と安心して世を渡ることのできるように教える流儀として捉えていました。ゆえに『論語』を読んで特に慰謝するとか、激励するというようなことはありませんが、聖書や仏典のごとくに、少しも窮屈な思いをせず、ゆったりと世を渡ることができるものと思っていました。何時も平時の心を持って、ゆったりと楽しく快活に日々を送ることのできるのは、全く『論語』のおかげであると信じていたのです。

また、『論語』では「悔い改め」とか「懺悔《ざんげ》」ということについて、他の宗教のようにことさら重くは言っていませんが、『論語』でもこれらを全く説かないわけではないと思っていました。ただ、「悔い改め」とか「懺悔」ということは悪事を働いた後に起こるものであって、孔子の精神からすれば、最初から罪悪に陥らないようにすることが肝要であり、そして仏教などで「懺悔」を一つの徳のごとくに言っているのは、全く一種の方便にすぎないと思っていたのです。

懺悔するや否や直ちに前悪が消えてしまうことなどあるはずがない、悔い改めて段々と善行を積んだ後にこそ、初めて前の罪悪も消えていくべきであるので、もとより悔いることは必要であるという、孔子も同様のことを述べている考えを、栄一は最も穏当と思っていたようです。

「論語と算盤」の誕生

『論語』を規範にして事業に当たった栄一でしたが、実業界で奔走していた時期に、積極的に商業道徳、道徳と経済の一致についての持論を説いていたかというと、ほとんど口にしていなかったというのが実情です。忙しくて口にする暇もなかったのかもしれません。言葉より体現だったのでしょうか。

いつごろから持論を説き始めたのかを探ってみると、一九〇〇年ごろからというのが確認できます。実際は、一九〇九（明治四二）年の経済界からの実質的な引退後、強く主張するようになります。

その背景として、日露戦争後の日本社会における金銭尊重、個人重視の風潮が考えられます。この時期には、当時の知識人が、特に青年層に対して「処世術」を説いたり、人格の修養の励行を求めたりしました。その中の一人に栄一がいたのです。

栄一が、その時に用いだしたのが「論語と算盤」でした。この言葉を用いるに至ったのには、次のようなエピソードがありました。

栄一が古希を迎えた祝意を表して、福島甲子三なる人物が、栄一のそれまでの事績をたたえた書や画をまとめた画帖《がじょう》を寄贈したのです。その中の一枚に洋画家・小山正太郎が描いた『論語』と算盤と、朱鞘の刀とシルクハット・白手袋の画がありました（口絵四頁）。

古い漢学者からすれば、『論語』と算盤は不調和なもので、二者は到底相いれないものでした。しかし、栄一は以前から、「仁義王道」と「貨殖富貴」、つまり『論語』と算盤とは、相一致しなければならないという考えでした。栄一は、漢学者・三島中洲に、先の画を示して意見を述べたところ、三島が栄一の考えに賛同すると同時に、栄一の古希を祝して「題論語算盤図賀」とする一文を贈ったのです。その一文を見た栄一は、改めて自身の考えを分かりやすく伝えるには「論語と算盤」という言葉が最適と感じ、以後、持論を述べる際に「論語と算盤」と題するようになったのです。

やがて、「論語」を「道徳」、「算盤」を「経済」と普遍化した概念に置き換え、「道徳経済合一説」へと昇華させていったのです。その過程において、経済の分野だけから、道徳的基準を広げ、社会・政治現象全てのものの解決のために広く用いるようになったのです。

栄一が説いた「論語算盤説」「道徳経済合一説」は、①江戸時代に定着した商業蔑視観を取り払う、②商人の意識向上に貢献し、商業界育成の精神的支柱となる、③暴走しがちな市場経済に基づく資本主義の精神的制御装置といった面で大きな役割を果したように思われます。

最後に、皆さんよくご存じの栄一の著書『論語と算盤』は、ここでご紹介した道徳と経済の一致の考えのみならず、日々の生活全般にわたっての処世術を九〇項目にまとめ、一九一六（大正五）年に東亞堂書房から刊行された一書であることを付記しておきます。

「書」を楽しむ――渋沢栄一の趣味

渋沢栄一は忙しい人でしたが、本人はむしろ、その忙しさをも楽しんでいたのかもしれません。お見合いの席ではありませんが、「ご趣味は?」と問われれば、「仕事です！」と即答しそうです。実際、同じ質問に対して、「趣味は余りたんとはない」と言いつつ、例えば「将棋は上手だよ」というように将棋そして囲碁は好んだようです。

血洗島にいた頃、従兄の喜作と一緒に、村に来た土居という五段についたり、東京に出ても大橋宋桂に指してもらったりしていたので、鍛え方は違うのです。

囲碁も、後に本因坊となった村瀬秀甫や林千治二段に手ほどきを受けているため、これもかなり本格的です。しかし、時間つぶしをしてはいけないと考えた栄一は、明治二〇年前後にプッツリと止めてしまったそうです。

また、「趣味はあまり多くはないが、字を書くことはその一つだ。本を読むことは趣味とはいえまいが、そのほかにヘボながら詩を作るよ」といった答えを返しています。

漢詩文については驚くほど早熟であり、詩情も豊かでした。栄一自身が晩年、「今より

揮毫中の栄一（1929（昭和４）年６月18日，渋沢史料館蔵）

余程あの頃の方がうまかったように思える」と語っているように、一九歳の時に従兄の尾高惇忠と藍の買い付けで信州を旅行した際に作って、『巡信紀詩』に収めたものなどは、若さの溢れた秀作が多いです。

ただ、栄一の趣味と言えば、やはり「書」の趣味について紹介しないわけにはいきません。栄一は、一一～一八歳ごろまで、父や伯父に付いて書の稽古をしていますが、もともと筋が良かったようです。その後は、唐様（中国風の書体）で名を上げたさまざまな書家の書風を学び、やがて独自の流儀で書くようになっていきました。

例えば、書家仲間の間で称賛されていた、中国の王羲之《おうぎし》の書風を栄一も一年ほど習っていましたが、うま味が分からずやめてしまいます。若い頃は勇ましい作風のものを好んで書いていた栄一は、次第に趙子昂《ちょうすごう》という書家の書風に移っていきました。栄一はこの書家の筆跡を真似ることができ、筆意も理解できたようです。

明治の元勲《げんくん》をはじめ、栄一と同時代の人たちの書が豪放なのに比べ、栄一の書は謹厳で面白味に欠ける、という意見があります。ただ、中国の書法にはかなっている、との指摘も見られます。

「私は字を書いている間、ほかのことは何も頭に浮かばず、無心になれるのが大変愉快である。何でも一つのことをやっている間は、ただそのことのみに専念すべきで、余事を考えるのは良くない。遊んでいる場合には、それになり切るということが肝心である。いわんや仕事に携っているときは、精神を集中してやるのは無論のことだろうと思う」。

このような言葉からも、栄一が書を生涯好んだ理由がよく分かります。また、栄一のこの考えは、趣味や余暇の過ごし方だけでなく、仕事全般に対する信条ともいえるかもしれません。

余談ですが、渋沢史料館所蔵の映像フィルムに「揮毫《きごう》」というものがあります。そこには、夢中で筆を走らせる晩年の栄一が映っているのですが、ときどき、細筆で作品に修正を加える、いわゆる「ちょうちん屋」の栄一が見られます。

カメラに向かい、いたずらっぽく微笑むその姿は、書に没頭すると同時に、大いに楽しんでいるようにも感じられます。

長寿の秘訣

「超高齢化社会」といわれる今日では、満九一歳まで生きた栄一が単に長寿というだけではなく、その生き方が模範的なものとして注目されています。

数多くの事績を残した栄一は、多忙な毎日を過ごし、体調を崩すなどということとは縁がなく、また、自ら「繁多な実業界に在って、時に成否はあったとしても、幸いに大なる過もなく来たのは、全く健康の賜であると思う」という言葉を残すところから、さぞかし、健康に気をつかい、節制した生活を送っていたと思われますが、実際のところはどうだったのでしょうか。

屈伸運動中の栄一（1929（昭和４）年６月１日，渋沢史料館蔵）

若い頃の栄一は頑健で、病気らしい病気をしたことがありませんでした。しかし、四〇歳を過ぎて以降は、リウマチや急性肺炎、中耳炎など、数々の病に襲われます。中でも、一八九四（明治二七）年、五四歳のときに患った右頬部癌腫は、一生で一番の大病でした。

晩年の栄一の日記には、「風邪」「腹痛」「喘息」「歯痛」等の病気にかかった記述が多くみられるのと同時に、「室内運動」「散歩」「冷水摩擦」「気合術にて全身按摩」など、自分の健康にとって良いと思うことをいろいろと行っていた様子がうかがわれます。とりわけ、次の二つを強く意識し、心掛けていたようです。一つは、英国のラプソン・スミス著『百歳不老』に書かれた健康長寿法三つの要件とされる、「活動する」「自制すなわち節制を守る」「心を平和に保ち、心配、悩み事を避ける」を守ることです。

一九一六（大正五）年八月に雑誌『実業之世界』で特集された「現代名士の養生振り」で、栄一は、「普段は特別なことはしていないが、家庭内で意にそぐわないことがあったり、事業で損失などがあったりしても、『思い通りにならないのも人生』と達観し、どんな不幸な目にあっても決してくよくよと悩まないようにしている」と答えています。

また、朝散歩をして、草花などの自然に接することで、無心になり心身ともに楽しむことができると言うように、気分転換すること、常に心を平静にして、爽快な精神状態を保つことを心がけていました。まさにスミスの影響を受けてのものだと思われます。

もう一つは、屈伸運動による健康法でした。一九二九（昭和四）年発行の坂本謹吾著『弾力性健康法　坂本屈伸道』に「自分は坂本屈伸道の門人の一人であり、八二歳から八八歳になる今日まで毎日続けているが、そのお蔭で健康を保っている。声は少し枯れているが、耳はさほど遠くなく、目も大抵の物を見るには差し支えない。また、物忘れの心配もない。皆さんもこの屈伸道によって、私同様、あるいはそれ以上に健康で過ごしていただきたい」といった推奨談を寄せています。自身にとって大きな効果のある健康法として強く傾倒していたようです。

栄一にとって「長寿の秘訣」とは、自らの節制もさることながら、まずは気の持ちようが第一だったようです。

おわりに

今からおよそ一〇年前、「渋沢栄一先生の事績・思想を伝えたい」と、渋沢栄一が設立に深く関わった日本商工会議所の広報部から、「渋沢栄一伝」という連載コラムの執筆依頼を受けました。

連載は二〇一〇年四月一一日発行の『会議所ニュース』（第二三四七号）からスタートしました。当初はワンクールで終わるものだと思っておりましたが、年ごとにテーマを変え、早くも一〇年目に入りました。長く書き続けてきたこともあり、「いつかは本にまとめたい」と思っていたところ、ミネルヴァ書房さんから書籍化の依頼が届きました。連載を一冊の本にまとめるにあたり、『産業と教育』（産業教育振興中央会発行）での連載講座「渋沢栄一を探る」（二〇一五年四月号〜二〇一八年三月号）を盛り込むなど、より多くの読者に栄一を知ってもらえるよう、構成を新たにしました（本書の副題「道理に欠けず、正義に外れず」は、栄一の談話をまとめた『青淵百話・乾』より引用致しました。詳細は「渋沢栄一の訓言　Ⅰ」（二一頁）をご覧ください）。

二〇二一年のNHK大河ドラマ『晴天を衝け』の放送を控え、栄一に対する注目度も高まっております。ドラマの良さは、文章ではなかなか伝えにくいことをダイナミックに表現できるところです。本書も、これまで刊行された伝記や評伝等では描かれてこなかった栄一の「こぼれ話」や「実は、渋沢栄一ってこんな人だったの?」というエピソードなども盛り込みましたので、是非楽しんでいただけたらと思います。

最後になりますが、本書が刊行されるまでに、たくさんの方々からお力添えをいただきました。「渋沢栄一伝」の連載では、原稿を紙面にまとめるにあたって苦労された日本商工会議所広報部のスタッフのみなさん、史料・写真の貸出等に手を貸してくれた渋沢史料館のスタッフ、そして本書を刊行するにあたり、ミネルヴァ書房編集部の水野安奈さんのご協力を賜りました。改めて、深く感謝申し上げる次第です。

渋沢栄一は、経済人や実業界のトップリーダーだけに収まらず、日本の近代化のオルガナイザーという位置づけが与えられる人です。本書を通じて、人間・渋沢栄一の多面的な魅力をお伝えできればと祈念しております。ご愛読のほどお願い申し上げます。

二〇二〇年九月

井上　潤

渋沢栄一略年譜

西暦	和暦	年齢	主なできごと	日本と世界の動き
一八四〇	天保一一年	〇	二月一三日、現在の埼玉県深谷市血洗島に生まれる。	アヘン戦争勃発。
一八四七	弘化　四年	七	従兄尾高惇忠から漢籍を学ぶ。	
一八五四	安政　一年	一四	家業の畑作、養蚕、藍問屋業に精励。	
一八五八	五年	一八	従妹ちよ（尾高惇忠の妹）と結婚。	日米修好通商条約、安政の大獄。
一八六三	文久　三年	二三	高崎城乗っ取り、横浜焼き討ちを企てるが、計画を中止し京都に出奔。	井伊大老暗殺（一八六〇）。
一八六四	元治　一年	二四	一橋慶喜に仕える。	外国艦隊下関を砲撃。
一八六五	慶応　一年	二五	一橋家歩兵取立御用掛を命ぜられ領内を巡歴。	
一八六六	二年	二六	徳川慶喜、征夷大将軍となり、栄一は幕臣となる。	長州征伐、薩長同盟。
一八六七	三年	二七	徳川昭武に従ってフランスへ出立（パリ万博使節団）。	大政奉還、王政復古。
一八六八	明治　一年	二八	明治維新によりフランスより帰国、	戊辰戦争（一八六八～一八六九）。

一八六九	二年	二九	静岡で慶喜に面会。静岡藩に「商法会所」設立。明治政府に仕え、民部省租税正となる。民部省改正掛掛長を兼ねる。	東京遷都。東京・横浜間に電信開通。
一八七〇	三年	三〇	官営富岡製糸場設置主任となる。	平民に苗字使用許可。
一八七一	四年	三一	紙幣頭となる。『立会略則』発刊。	廃藩置県。
一八七二	五年	三二	大蔵少輔事務取扱。抄紙会社設立出願。	新橋、横浜間鉄道開通。
一八七三	六年	三三	大蔵省を辞める。第一国立銀行開業・総監役。抄紙会社創立（後に王子製紙会社・取締役会長）。	国立銀行条例発布、地租改正条例布告。
一八七四	七年	三四	東京府知事より共有金取締を嘱託される。	
一八七五	八年	三五	第一国立銀行頭取。商法講習所創立。	
一八七六	九年	三六	東京会議所会頭。東京府養育院事務長（後に院長）。	私立三井銀行開業。
一八七七	一〇年	三七	択善会創立（後に東京銀行集会所・会長）。	西南戦争。
一八七八	一一年	三八	王子西ヶ原に別荘を建てはじめる。東京商法会議所創立・会頭（後に東	

一八七九	一二年	三九	京商業会議所・会頭）。グラント将軍（第一八代米国大統領）歓迎会（東京接待委員長）。	
一八八〇	一三年	四〇	博愛社創立・社員（後に日本赤十字社・常議員）。	
一八八二	一五年	四二	ちよ夫人死去。	日本銀行営業開始。
一八八三	一六年	四三	大阪紡績会社工場落成・発起人（後に相談役）。伊藤かねと再婚。	鹿鳴館開館式。
一八八四	一七年	四四	日本鉄道会社理事委員（後に取締役）。	華族令制定。
一八八五	一八年	四五	日本郵船会社創立（後に取締役）。東京養育院院長。東京瓦斯会社創立（創立委員長、後に取締役会長）	内閣制度制定。
一八八六	一九年	四六	「竜門社」創立。東京電灯会社設立（後に委員）。	
一八八七	二〇年	四七	日本煉瓦製造会社創立・発起人（後に取締役会長）。帝国ホテル創立・発起人総代（後に取締役会長）。	
一八八八	二一年	四八	札幌麦酒会社創立・発起人総代（後に取締役会長）。東京女学館開校・	

			会計監督（後に館長）。	
一八八九	二二年	四九	東京石川島造船所創立・委員（後に取締役会長）。	大日本帝国憲法公布。
一八九〇	二三年	五〇	貴族院議員に任ぜられる。	第一回帝国議会。
一八九一	二四年	五一	東京交換所創立・委員長。	
一八九二	二五年	五二	東京貯蓄銀行創立・取締役（後に取締役会長）。	日清戦争勃発（一八九四）。
一八九五	二八年	五五	北越鉄道会社創立・監査役（後に相談役）。	日清講和条約調印。
一八九六	二九年	五六	日本精糖会社創立・取締役。第一国立銀行が営業満期により第一銀行となる。引続き頭取。日本勧業銀行設立委員。	
一八九七	三〇年	五七	澁澤倉庫部開業（後に澁澤倉庫会社・発起人）。	金本位制施行。
一九〇〇	三三年	六〇	日本興業銀行設立委員。男爵を授けられる。	
一九〇一	三四年	六一	日本女子大学校開校・会計監督。（後に校長）東京・飛鳥山邸を本邸とする。	

一九〇二	三五年	六二	兼子夫人同伴で欧米視察。ルーズベルト大統領と会見。	日英同盟協定調印。
一九〇四	三七年	六四	風邪をこじらせ長期に静養。	日露戦争勃発。
一九〇六	三九年	六六	東京電力会社創立・取締役。京阪電気鉄道会社創立・創立委員長（後に相談役）。	鉄道国有法公布。
一九〇七	四〇年	六七	帝国劇場会社創立・創立委員長（後に取締役会長）。	恐慌、株式暴落。
一九〇八	四一年	六八	アメリカ太平洋沿岸実業家一行招待。	
一九〇九	四二年	六九	多くの企業・団体の役員を辞任。渡米実業団を組織し団長として渡米。タフト大統領と会見。	
一九一〇	四三年	七〇	政府諮問機関の生産調査会創立・副会長。	日韓併合。
一九一一	四四年	七一	勲一等に叙し瑞宝章を授与される。	
一九一二	大正 一年	七二	ニューヨーク日本協会協賛会創立・名誉委員長。帰一協会成立。	
一九一三	二年	七三	日本結核予防協会創立・副会頭。（後に会頭） 日本実業協会創立・会長。	

一九一四	三年	七四	日中経済界の提携のため中国訪問。	第一次世界大戦勃発。
一九一五	四年	七五	パナマ運河開通博覧会のため渡米。ウイルソン大統領と会見。	
一九一六	五年	七六	第一銀行の頭取等を辞め実業界を引退。日米関係委員会が発足・常務委員。	
一九一七	六年	七七	日米協会創立・名誉副会長。	事実上の金本位停止。
一九一八	七年	七八	渋沢栄一著『徳川慶喜公伝』（竜門社）刊行。	
一九一九	八年	七九	協調会創立・副会長。	ヴェルサイユ条約調印。
一九二〇	九年	八〇	国際連盟協会創立・会長。子爵を授けられる。	株式暴落（戦後恐慌）。
一九二一	一〇年	八一	排日問題善後策を講ずるため渡米。ハーディング大統領と会見。	
一九二三	一二年	八三	大震災善後会創立・副会長。	関東大震災。
一九二四	一三年	八四	日仏会館開館・理事長。東京女学館・館長。	米国で排日移民法成立。
一九二六	一五年	八六	日本太平洋問題調査会創立・評議員会長。日本放送協会創立・顧問。	
一九二七	昭和 二年	八七	日本国際児童親善会創立・会長。日	金融恐慌勃発。

			米親善人形歓迎会を主催。	
一九二八	三年	八八	日本航空輸送会社創立・創立委員長。 日本女子高等商業学校発起人。	
一九二九	四年	八九	中央盲人福祉協会創立・会長。	世界大恐慌はじまる。
一九三〇	五年	九〇	海外植民学校顧問。	金輸出解禁。
一九三一	六年	九一	一一月一一日永眠。	満州事変。

（注）明治五（一八七二）年一二月三日までは陰暦による。

（出所）公益財団法人渋沢栄一記念財団「渋沢栄一年譜」（https://www.shibusawa.or.jp/eiichi/chrono.html）より作成。

渋沢栄一が関係した主な会社・社会事業団体

会社部門

会社名	栄一との関係	現会社名
第一国立銀行	明治六～八年総監役、明治八～二九年取締役頭取	(株)みずほ銀行
(株)第一銀行	明治二九～大正五年頭取、大正五～昭和六年相談役	(株)みずほ銀行
王子製紙(株)	明治七～年頭取・株主総代、明治二六～三一年取締役会長	王子ホールディングス(株)
	明治三五～三七年相談役	日本製紙(株)
(株)第二十銀行	指導、明治四一～四二年相談役	(株)みずほ銀行
東京海上保険(株)	創立主唱者、明治一二年～相談役、明治二七～四二年取締役	東京海上日動火災保険(株)
(株)第七十七銀行	指導、明治四二年相談役	(株)七十七銀行

大阪紡績（株）	創立主唱者、明治一六～四二年相談役	東洋紡（株）
日本鉄道（株）	明治一七～三三年理事委員、明治三三～三七年取締役	ＪＲ東日本
日本郵船（株）	明治二六～四二年取締役	日本郵船（株）
東京瓦斯（株）	明治一八～二七年委員長、明治二七～四二年取締役会長	東京ガス（株）
三重紡績（株）	救済に尽力、明治二二年～相談役、明治四〇～四二年取締役	東洋紡（株）
大日本人造肥料（株）	明治二〇～二六年委員長、明治二六～四二年取締役会長	日産化学工業（株）
東京製綱（株）	明治二〇～二六年委員、明治二六年～取締役、明治三一～四二年取締役会長	東京製綱（株）
日本煉瓦製造（株）	明治二〇～二三年理事、明治二三～二六年理事長、明治二六～四二年取締役会長	日本煉瓦製造（株）＊二〇〇六年廃業
（株）東京石川島造船所	明治二二～二六年委員、明治二六～四二年取締役会長	（株）ＩＨＩ

（株）帝国ホテル	創立発起人、明治二〇～二六年理事長、明治二六～四二年取締役会長	（株）帝国ホテル
（株）東京貯蓄銀行	明治二五～大正五年取締役会長	（株）りそな銀行
東京帽子（株）	明治二五～四二年取締役会長	オーベクス（株）・オーロラ（株）
北越鉄道（株）	創立発起人会長、明治二八～三八年監査役 明治三八～四二年相談役	ＪＲ東日本
東洋汽船（株）	創立委員長、明治二九～三三年監査役	日本郵船（株）
汽車製造合資会社	明治二九～三二年創立委員及び業務担当社員 明治三二～四二年監査役	川崎重工業（株）
浦賀船渠（株）	明治三六～四二年相談役	住友重機械工業（株）
岩越鉄道（株）	創立発起人、明治二九～三八年取締役会長	ＪＲ東日本
浅野セメント合資会社	出資社員、明治三一～四二年監査役	日本セメント（株）
北海道鉄道（株）	明治三四～三七年相談役	ＪＲ北海道

（株）日本興業銀行	明治三三～三五年設立委員、明治三五～四二年監査役	（株）みずほ銀行
品川白煉瓦（株）	出資者、明治四〇～四二年相談役	品川リフラクトリーズ（株）
古河鑛業会社	出資者	古河機械金属（株）
大日本麦酒（株）	明治三九～四二年取締役	アサヒビール（株） サッポロビール（株）
中央製紙（株）	創立発起人、明治三九～四二年相談役	王子ホールディングス（株）
帝国劇場（株）	創立発起人、明治三九年創立委員長、明治四〇～大正三年取締役会長、大正三年～名誉顧問	東宝（株）
日本皮革（株）	明治四〇～四二年相談役	（株）ニッピ
澁澤倉庫（株）	発起人	澁澤倉庫（株）
清水満之助商店	指導・援助	清水建設（株）
合名会社中井商店	明治三五年顧問	日本紙パルプ商事（株）
中外商業新報社	指導	㈱日本経済新聞社

社会事業団体部門
社会福祉

事業団体名	栄一との関係
東京養育院	明治九年～事務長、明治一二年～昭和六院長
(社) 福田会	明治一二年～会計監督、明治三一年～名誉顧問
東京感化院慈善会	明治二二～三七年会計監督
東京出獄人保護所	明治三五年～協議員
中央慈善協会	明治四一年～会長
(財) 埼玉共済会	大正八年～顧問
(財) 滝乃川学園	大正九～昭和六年理事長
愛の家	大正一二～昭和六年顧問
恩賜財団慶福会	大正一三～昭和六年顧問
中央盲人福祉協会	昭和四～六年会長
(財) 全日本方面委員聯盟	昭和六年会長

保険・医療

事業団体名	栄一との関係
博愛社［(社) 日本赤十字社］	明治一三年〜社員、明治一九年〜議員、明治二六〜三七年常議員
(社) 同愛社	明治一七年〜幹事、明治二三〜二五年協議委員、明治二七年優待社員、明治三九年賛成員、明治四二年特別社員
(社) 東京慈恵会	明治四〇年〜理事・副会長、資金募集相談役兼委員長
恩賜財団済生会	明治四四年〜顧問、明治四四年〜評議員
(財) 日本結核予防協会	大正二年〜副会頭、大正一〇〜昭和六年会頭
聖路加国際病院	大正三年〜評議員会副会長並会計監督
(財) 泉橋慈善病院	大正八年〜評議員会副会長、大正九年〜顧問、昭和五年〜会長
(財) 癩予防協会	昭和六年会頭、理事
救世軍病院	明治四五年発起人

教育

事業団体名	栄一との関係
東京商法講習所〔東京高等商業学校〕	明治八年～経営委員、明治一二年～委員、明治一七年～校務商議委員
東京大学	明治一四～一六年文学部講師
工手学校〔工学院〕	明治二一年～賛助員、大正一四年～顧問
大倉商業学校〔大倉高等商業学校〕	明治三一年～協議員、学校設立委員、協議員・理事兼監事
（財）岩倉鉄道学校	明治四四年～社員、大正一三～昭和六年評議員
（財）高千穂学校〔高千穂高等商業学校〕	明治三六～四二年資金保管主任、明治四〇～昭和六年評議員
（財）東京女学館	明治一九年～評議員、明治二一年～会計監督、大正七～評議員長、大正一三年～館長、昭和五年理事長・館長兼会計監督
日本女子大学校	明治三〇年～設立発起人、創立委員、会計監督、明治三三年～建築委員、教務委員、明治三七年～評議員、昭和六年校長

（財）日本女子高等商業学校	昭和三年学校建設後援会発起人、昭和四～六年六顧問
跡見高等女学校	明治四二～大正六年顧問
早稲田大学	明治四一年～大学基金管理委員（長）、大正六年～大学維持員、校規改定調査委員（会長）、大正七～昭和六年終身維持員、大正一一年故大隈侯爵記念事業後援会会長
明治法律学校［明治大学］	明治四四年～大学評議員
専修学校［専修大学］	明治四〇～四二年商議員
青山学院	大正七年名誉評議員
皇典講究所・國學院大学	明治四一年賛襄、明治四一年顧問
（財）二松義会［（財）二松学舎］	明治四三年顧問、大正六年会長・理事、大正六年評議員、大正八年舎長・理事
（財）国士舘	大正一一～昭和六年維持委員
（財）埼玉学生誘掖会	明治三五年～会頭

（注）「会社部門」の会社名は『青淵渋沢先生七十寿祝賀会記念帖』（一九一一（明治四四）年春）より抜粋。現会社名が同じでも組織上は変化していることもある。「社会事業団体部門」は、『渋沢栄一伝記資料』所収関係資料より作成。同じ団体名でも時期により組織上で変化している。

索　引

(渋沢栄一は頻出のため省略した)

な　行

は　行

ま　行

や・ら・わ行

《著者紹介》

井上　潤（いのうえ・じゅん）

1959年　兵庫県生まれ。

1984年　明治大学文学部史学地理学科日本史学専攻卒業。

現　在　公益財団法人渋沢栄一記念財団業務執行理事・渋沢史料館館長。

主　著　『渋沢栄一――近代日本社会の創造者』（山川出版社，2012年），「渋沢史料館の過去・現在・未来」（公益財団法人渋沢栄一記念財団編『渋沢栄一記念財団の挑戦』不二出版，2015年），「人間「渋沢栄一」の素顔とこころざし」（田中宏司・水尾順一・蟻生俊夫編著『渋沢栄一に学ぶ「論語と算盤」の経営』同友館，2016年）ほか。

渋沢栄一伝
――道理に欠けず，正義に外れず――

2020年11月1日　初版第1刷発行　〈検印省略〉

定価はカバーに
表示しています

著　者　井　上　　潤
発行者　杉　田　啓　三
印刷者　坂　本　喜　杏

発行所　株式会社　ミネルヴァ書房
607-8494　京都市山科区日ノ岡堤谷町1
電話代表（075）581-5191
振替口座　01020-0-8076

冨山房インターナショナル・新生製本

ISBN 978-4-623-08999-4
Printed in Japan

はじめての渋沢栄一　渋沢研究会 編　四六判三四四頁　本体二八〇〇円

渋沢栄一の福祉思想　大谷まこと 著　A5判五三二頁　本体六〇〇〇円

渋沢栄一と「フィランソロピー」（全8巻）

渋沢栄一は漢学とどう関わったか　町泉寿郎 編著　A5判二四八頁　本体三八〇〇円

帰一協会の挑戦と渋沢栄一　見城悌治 編著　A5判二八〇頁　本体三八〇〇円

国際交流に託した渋沢栄一の望み　飯森明子 編著　A5判二三二頁　本体三八〇〇円

ミネルヴァ書房
https://www.minervashobo.co.jp/